DE AVGÖRANDE SLAGEN

DEL IV

J.F.C. FULLER

De avgörande slagen

DEL IV

Från 1870 till 1920

Med sammanfattningar av redaktören
JOHN TERRAINE

Översättning
ULF GYLLENHAK

HISTORISKA MEDIA

Historiska Media
Box 1206, 221 05 Lund
info@historiskamedia.se
www.historiskamedia.se

Originalets titel: *The Decisive Battles of the Western World and their influence upon history*, volume IV

Översättning: Ulf Gyllenhak
Faktagranskning av den svenska utgåvan:
Richard Areschoug
Kartor: Svante Ström
Omslag: Niclas Schüler, Curt Design©
Omslagsbild: © iStockphoto
Tryck: UAB PRINT-IT, Gargzdai, Litauen, 2011
ISBN 978-91-86297-64-0

Innehåll

Förteckning över kartor och slagfältsuppställningar

FÖRORD DEL IV

Från 1800-talets mitt utvecklades de industrialiserade staternas förmåga att föra krig allt snabbare. Träfartyg med segel ersattes av stålklädda fartyg drivna av ånga; bakladdade repetergevär och senare kulsprutor gav soldaterna möjlighet att avlossa flera skott mellan varje omladdning, långskjutande kanoner gav möjlighet att skjuta så kallad indirekt eld, det vill säga mot mål som inte syntes med blotta ögat från den beskjutande sidan. Genom radiokommunikation, som var ny, kunde man hålla samband mellan förband på långa avstånd. Samtidigt började utvecklandet av förbränningsmotorn att ge konkreta resultat i form av bilar för transporter och snabba förflyttningar av trupper och artilleripjäser, och under första världskriget stridsvagnar. Under Italiens krig mot Turkiet 1911 öppnades en tredje dimension av kriget, nämligen luftrummet, då de första flygplanen började användas i militära sammanhang. Under första världskriget finslipades alla dessa instrument samtidigt som nya tillkom, främst bland vapnen var stridsgasen, som sände tusentals soldater på västfronten in i en plågsam död.

Alla dessa uppfinningar och många upptäckter gjorde att kriget industrialiserades från 1870-talet och fram till och med första världskriget. Förmågan att skada motståndaren ökade mångfalt, och dessutom kunde en angripare med flyg och långskjutande artilleri nå långt bakom fiendens linjer utan att man först behövde besegra hans arméer. Steg för steg utvecklades försvarsvapnen: stålhjälmar, gasmasker, taggtråd och betongbunkrar.

Men en sak utvecklades inte, nämligen det militära tänkandet, den operativa och taktiska teorin. Istället höll de flesta stater fast vid ett uppträdande på slagfältet, som hade haft fog för sig under Napoleonkrigen men som blev alltmer ödesdigert ju mer den tekniska utvecklingen fortsatte. Det hela kulminerade med första världskrigets enorma massanfall mot väl försvarade skyttegravslinjer, där miljoner soldater stupade eller sårades vid platser som för alltid står som symboler för krigets meningslöshet: Ypres, Somme, Verdun.

Viktigast av allt var dock järnvägen, som från 1800-talets mitt möjliggjorde snabba transporter över stora avstånd. Den preussiska generalstaben under von Moltke den äldre förstod bäst att nyttja detta instrument i militära sammanhang. I uppmarschen inför kriget mot Frankrike 1870 samlade preussarna och deras tyska allierade på bara några veckor runt en miljon man vid den franska gränsen. Därmed hade tyskarna gripit det operativa initiativet i kriget, något som skulle komma att fälla avgörandet.

För en teoretiker som Fuller, som förespråkade det snabba motoriserade kriget, gav första världskriget få exempel på krigskonstens utveckling, snarast på dess fördärv. Därför är det föga förvånande att han i avsnitten om åren 1914–1918 lyfter fram slagen vid Tannenberg 1914 och Amiens 1918. Vid det första gav tyskarna – inte minst tack vare snabba transporter av de egna förbanden i sidled – exempel på en operativ rörlighet som till slut krossade den trögrörliga ryska motståndaren. På motsvarande sätt gav det allierade stridsvagnsanfallet vid Amiens (vars arkitekt Fuller själv var) ett skolexempel på hur det stillastående skyttegravskriget skulle låsas upp.

Under första världskriget ansågs länge en våldsam artilleribeskjutning av fiendens linjer vara det enda sättet att förbereda ett anfall. En sådan eldstorm var avsedd att orsaka skada och slå sönder motståndarens försvar, men samtidigt slog den också sönder terrängen och omöjliggjorde alla snabba transporter för att utnyttja en eventuell framgång och anfalla in på djupet av försvararens område. Dessutom gav artilleribeskjutningen naturligtvis en övertydlig förvarning om att ett anfall var på gång. De massiva eldstormarna blev allt extremare till sin omfattning. I anfallet vid Hooge 1915 sköt det brittiska försvaret 18 000 granater innan man anföll de tyska linjerna, men redan vid Somme 1916 avfyrades hela två miljoner granater. Trots detta uteblev effekten. De tyska förbanden drog sig ur sina främsta ställningar och följden blev att de anfallande britterna fick vada genom ett sönderskjutet landskap, där de besköts av tyska trupper från relativt oskadade bakre ställningar. Resultatet blev att 60 000 britter – lika många som hela den brittiska förkrigsarmén – stupade eller sårades redan den första dagen vid Somme.

Ett ännu mer utvecklat flexibelt försvar leddes av franska rådgivare och polska generaler som därigenom framgångsrikt avvärjde den ryska Röda arméns anstormning mot Warszawa 1920. Här framstod kontrasten mellan det rörliga, moderna tänkandet och det gammaldags massanfallet snarast som övertydlig. Det känns därför naturligt att avsluta Fullers bokverk med det slaget.

Lars Ericson Wolke, huvudlärare i militärhistoria vid Försvarshögskolans krigsvetenskapliga institution och docent i militärhistoria vid Åbo Akademi.

Redaktörens sammanfattning

Slutet av 1800-talet var en period av tilltagande teknisk förändring, vilket naturligtvis på ett genomgripande vis förändrade vapnen och arméerna. (Också flottorna påverkades i stor omfattning, och vi bör i förbigående lägga på minnet att 1890-talet medförde en djupgående och berättigad självrannsakan om huruvida den brittiska flottan verkligen var så överlägsen som man ville göra gällande. En framstående amiral skrev: "1889 har för mig alltid framstått som det värsta året i flottans historia sedan mitten av 1700-talet.")[1] På land gjordes betydelsefulla förbättringar av krigsmaterialet; Fuller framhåller det finkalibriga magasinsgeväret och det rökfria krutet. Den brittiska armén fick för första gången pröva på dessa fenomen i större skala under boerkriget 1899–1902.

> Under detta krig ersattes den gamla skräcken för en synlig fiende av en förlamande känsla av att rycka fram mot en fiende som inte gick att se, vilket gav näring åt misstanken att fienden fanns överallt. En allomfattande skräck, snarare än en tydligt avgränsad rädsla, började nu omsluta angriparen, medan försvararen i skydd av en jordvall eller stenmur tack vare gevärseldens snabbhet kunde försvara avsnitt av en omfattning som i tidigare krigföring varit otänkbar och parera varje frontalanfall. Under slaget vid Modder River bestod boernas skyttelinje av 3 000 man längs ett frontavsnitt på sju kilometer; vid Magersfontein av 5 000 man längs tio kilometer; och vid Colenso av 4500 man på tolv kilometer. Trots att skyttelinjen alltså var ytterligt svag, lyckades inte britterna tränga igenom. Detta innebar slutet för framgångsrika frontalangrepp.

Denna historia upprepades snart på nytt, men olyckligtvis drog inte de stora militärmakterna lärdom av de förändrade förutsättningarna. Vad som emellertid inte gick att undvika att lägga märke till var att en ny stormakt hade sett dagens ljus – i Asien. Japans självvalda isolationspolitik hade 1854 handgripligen vräkts över ända av USA och de främsta europeiska staterna, men moderniseringen av det japanska samhället hade inte egentligen skjutit fart förrän 1869. Europeiska och amerikanska kapitalister finansierade industrialiseringsprocessen, som framskred med sådan hastighet att, som Fuller formulerar det, "när århundradet var till ända hade Japan under en generation åstadkommit vad Europa hade behövt tjugo generationer för att genomföra. Från den feodala samhällsordning som hade existerat i västerlandet under 1300-talet trädde Japan in i 1900-talet som en fullt utrustad industriell, militär och sjömilitär stormakt." I likhet med andra nationer av samma slag sökte Japan snart utlopp för sin nyfunna styrka i expansionssträvanden, och självfallet riktade man då blickarna mot det närbelägna Kina och Korea.

Under större delen av 1800-talet hade Kina varit rov för andra aggressiva imperier, då främst det ryska, som vid fördraget i Aiguin 1858 lyckades tillvälla sig inte mindre än 1 851 841 km², och två år senare ytterligare 448 067 km² – provinsen Manchuriet. Men de ryska expansionisterna lät sig inte nöja utan kastade giriga blickar på Korea. Detta skrämde upp Japan, och redan 1876 började japanerna infiltrera området. År 1894 hade Korea blivit en japansk "intressesfär", och en vädjan det året från den koreanska regeringen till Kina om hjälp mot revolutionärer resulterade omedelbart i kinesisk-japanska kriget. Både till sjöss och på land vann japanerna slag efter slag. Kulmen nåddes när man med obetydliga förluster intog Port Arthur 1895. I april samma år bad Kina om fred och fick avstå Liaodonghalvön, Taiwan och Pescadorerna till Japan. Dessutom tvangs man erkänna Koreas "självständighet".

Det var nu, i det rusiga segerögonblicket, som Japan fick en obehaglig chock. Kombinerade påtryckningar från Ryssland, Tyskland och Frankrike tvingade Japan att överge Liaodonghalvön och Port Arthur. Den japanska misstron mot européernas motiv och ogillandet av deras metoder förstärktes naturligtvis i hög grad av denna händelse, och efterspelet visade sig vara lika irriterande. År 1897 tillförsäkrade sig Ryssland rätten att få arrendera halvön och därigenom tillåtelse att bygga en järnväg mellan Port Arthur och Harbin längs den transsibiriska huvudlinjen mellan Moskva och Vladivostok. Samtidigt fick tyskarna rätt att arrendera Kiao-chow [Jiaozhou och Qingdao eller Kiautschou på tyska], fransmännen Cho Wan [Guangzhou] och britterna, som inte tänkte hålla sig utanför leken, arrenderade Wei-hai-wei [Weihaiwei och New Territories]. Uppenbarligen ansåg inte européerna att japanerna ens skulle få smaka smulorna från deras bord. Inte desto mindre resulterade boxarupproret i Kina 1900 i ett sista flämtande imperialistiskt samförstånd och samarbete: en internationell styrka av brittiska, franska, tyska, ryska, österrikiska, italienska, amerikanska och japanska trupper. Av dessa var den japanska styrkan den absolut största och den beundrades för sitt mod och sin effektivitet. Dess insatser stod sig väl i förhållande till somliga av de europeiska truppernas.

Om européerna intresserat noterade denna sin första närkontakt med den kejserliga japanska armén i strid, så lade japanerna noga på minnet de erfarenheter de drog av de ryska truppernas beteende – ”en otroligt ineffektiv armé”.[2] År 1902 ägde två viktiga händelser rum: den första var undertecknandet av det engelsk-japanska fördraget, som skulle spela en viktig roll för bägge ländernas politik fram till 1921. I fördraget erkände britterna japanernas ”intressen” i Korea, och vidare stipulerades att Japan i händelse av att man hamnade i krig med Ryssland kunde påräkna brittisk hjälp om någon annan makt (det vill säga Rysslands allierade Frankrike) trädde in på rysk sida. Den andra viktiga händelsen var att det blev alltmer sannolikt att det skulle bryta ut ett krig mot Ryssland. År 1903 gjorde Ryssland anspråk på Korea som sin intressesfär. Japan reagerade med att ”erbjuda sig att erkänna Rysslands ställning i Manchuriet, under förutsättning att Ryssland likaledes erkände Japans ställning i Korea, och vidare att alla nationer skulle ges lika kommersiella intressen i bägge länderna”.[3] Men förhandlingarna var resultatlösa. Tecknen på att ryssarna övergivit tanken att lösa konflikten på fredlig väg blev allt fler och den 5 februari 1904 bröt så kriget ut.

Det rysk-japanska kriget dominerades av två strategiska överväganden. Det första var den vikt som japanerna tillmätte Port Arthur. ”År 1894”, säger Fuller, ”hade japanerna intagit Port Arthur och sedan berövats staden eftersom man saknade potential nog att behålla den. Att nu återigen kunna inta staden skulle inte bara rättfärdiga kriget, utan framför allt skulle det förkunna att Japan var överlägset Ryssland, och som en följd därav att Asien var överlägset

Europa. Kort sagt: oavsett om strategin så krävde eller inte, var erövrandet av Port Arthur för japanerna konfliktens själsliga mittpunkt." Det andra övervägandet var att avståndet från Moskva till Port Arthur är nästan 900 mil, och 1904 bestod järnvägen av en enkelspårig bana med ett sexton mil långt oavslutat parti vid Bajkalsjön. Därtill gav det ryska militärmaskineriets uppenbara tillkortakommanden japanerna en avgjord fördel.

Krigsförloppet utmärktes (såsom 1894) av en obruten rad japanska segrar till lands och till sjöss. Port Arthur föll efter en ohygglig belägring den 4 januari 1905. Över 24 000 ryssar togs till fånga, och ytterligare 31 000 hade dödats, sårats eller anmälts saknade. De japanska förlusterna uppgick till 57 000 man, och därtill 33 000 sjuka, varav så många som 21 000 led av beriberi. I februari–mars utkämpades slaget vid Mukden längs en front om sex och en halv mil. Japanerna vann till en kostnad av 71 000 döda och sårade, att jämföra med ryssarnas förluster om 85 000 man (inklusive fångar). I maj förintades den ryska Östersjöflottan i slaget vid Tsushima, och tre månader senare var kriget över. Vid freden i Portsmouth i USA gick Ryssland (som nu hotades av revolution) med på att evakuera Manchuriet, avstå Liaodonghalvön och södra Sachalin till Japan samt erkänna japansk överhöghet i Korea. För den nya ömakten var detta en lysande fred.

Vi har redan kunnat konstatera att en betydande taktisk förändring ägde rum som en följd av magasinsgevärets tillkomst och det rökfria krutet. Fuller fortsätter:

> Förutom magasinsgeväret hade den primitiva *la mitrailleuse* ersatts av ett antal förbättrade sorters kulsprutor – Gatling, Gardner, Nordenfelt, Hotchkiss, Colt och Maxim. Den sistnämnda utformades av Hiram S. Maxim 1884, och under första världskriget blev den slagfältets drottning. Förmodligen har denna kulspruta dödat och sårat fler män än något annat vapen, men under sin barndom stod den inte i särskilt högt anseende bland soldaterna.
>
> Sedan den räfflade kanonen introducerats hade artilleriet utvecklats alltmer. Under det rysk-turkiska kriget 1877–1878 hade den ryske generalen Oukanov sagt: "Artilleriet kommer att bli mänsklighetens plågoris … Den dag kan inte vara särskilt avlägsen när artilleriet kommer att förvandlas från ett hjälpmedel till det huvudsakliga vapnet." Ett avgörande steg i denna riktning togs när de förslag som lades fram av general Wille i Tyskland och överste Langlois i Frankrike 1891–1892

> några år senare ledde fram till uppfinningen av den snabbskjutande kanonen, vilken genom att eldröret rekylerade vid eldgivning medförde att lavetten stod still samt kunde förses med en skottsäker skyddsplåt. Härigenom återintroducerades pansaret på slagfältet. Fram tills att denna förbättring genomfördes var magasinsgeväret det dominerande vapnet. Men snart fick det konkurrens i form av den rekylerande fältkanonen, som inte bara hade längre räckvidd och kunde avlossas lika snabbt utan rökutveckling, utan också kunde användas indirekt.

Bland arméerna runt om i världen (eller åtminstone hos respektive generalstaber) fanns en generell oförmåga att inse både följderna av den nya eldkraften hos artilleriet, som framgått av det rysk-japanska kriget – särskilt de stora moderna haubitsarna som hade skjutit sönder försvarsverken runt Port Arthur – och effekten av kulsprutor i kombination med taggtrådshinder och skyttegravar. En primitiv form av giftgas hade också använts av japanerna, men detta hade man inte lagt märke till. Det skulle inte dröja länge förrän alla stormakterna var tvungna att på nytt lära sig den läxa de redan kunde ha lärt sig i Manchuriet – men nu till en fruktansvärd kostnad. Men Fuller fortsätter:

> Viktigare än dessa taktiska förändringar var de inflytanden som den japanska segern fick på den världspolitiska situationen. Sönderfallet i Ryssland gav ytterligare näring åt det revolutionsvirus som så länge hade spridit sig i samhällskroppen. Genom att Tyskland nu slapp rädslan för hotet om ett krig längs landets östra gräns, kunde man koncentrera sina krafter västerut och därigenom rubba maktbalansen i Europa. Detta föranledde Storbritannien att ge upp sin dittillsvarande isolationspolitik, som hade varit ryggraden i *Pax Britannica*, och nu sökte man sig en bundsförvant i Frankrike i stället för i Tyskland för att försöka återupprätta balansen. Dessutom innebar den japanska segern att diktatet om den vite mannens överlägsenhet gentemot den färgade ifrågasattes, vilket innebar en väckarklocka för Asien och Afrika och utgjorde ett dödligt moraliskt slag mot alla koloniala imperier. I sin avhandling *The Problem of National and Colonial Policy and the Third International* påpekar M. Pavlovitj något som inte uppmärksammades särskilt mycket vid denna tidpunkt: ”Den ryska revolutionen 1905 spelade samma omvälvande roll för de asiatiska folken som den franska revolutionen tidigare hade spelat i de europeiska länderna. I Turkiet sådde den fröet till den revolutionära verksamhet

som resulterade i att Abdülhamid II störtades. Den gjorde ett bestående intryck på Persien, som var den första asiatiska nationen där man samtidigt inledde kampen mot sina egna despoter och mot de europeiska regeringarnas glupskhet. Samma sak gällde i Kina. Men överallt stäcktes drömmarna om nationell frihet av europeisk intervention."

I Afrika var inflytandet lika djupgående. Dicey, en engelska som hade bott där i 40 år, skriver: "Plötsligt och oväntat rubbades den självklara övertygelsen att alla inhemska trupper, oavsett om de var aldrig så modiga, var underlägsna europeiska soldater. Orsaken var upptäckten att Ryssland, som i öst betraktades som Europas största militärmakt, hade jagats på flykten av segerrika japaner, att de ryska arméerna hade besegrats, att flottan hade krossats, att befästningarna hade intagits av en förhållandevis liten och svag nation, vars befolkning absolut inte kunde beskrivas som kaukasier eller kristna. Det är fullt sanningsenligt att påstå att de inhemska afrikanerna ... inte visste någonting ... om Japan. Men inte desto mindre tvivlar jag på att det i hela Afrika fanns en by där invånarna inte direkt eller indirekt fått sig berättat att de ryska inkräktarna i Fjärran Östern hade skingrats likt får av en okänd icke-europeisk ras."

Men det var i Indien – mittpunkten för den brittiska imperiets makt – som denna världsrevolution fann sitt tydligaste uttryck. "En oro och jäsning drog fram över" de norra provinserna, skriver C. F. Andrews. "Också i de mest avsides liggande byarna pratade invånarna om japanernas seger medan de satt tillsammans och skickade *huqqa* mellan sig på kvällen ... En turkisk konsul med lång erfarenhet från västra Asien berättade för mig att överallt i inlandet var också de mest okunniga bönderna som berusade av nyheten. Hela Asien påverkades och den sömn som varat i århundrade efter århundrade bröts slutligen ... Ett nytt kapitel höll på att författas i världshistorien ... Asiens forna ära och storhet tycktes vara på väg att vända åter."

Som bekräftelse på detta skriver Pradhan: "Det är omöjligt att överdriva den effekt som den japanska segern har haft på stämningen i Indien." Indiska studenter började studera Japans historia för att upptäcka vad som hade möjliggjort för japanerna att tillfoga denna stora europeiska makt ett så svidande nederlag. De fann svaret i den japanska patriotismen, självuppoffrandet och den nationella enigheten. Här fanns mirakulösa krafter som inte vapnens makt förmådde rubba. Japans uppgång betraktades som "en försynens skickelse". Indiska studenter strömmade till den uppgående solens land, och under åren 1907, 1908 och 1909 återvände de omstrålade med en gloria av kunskap, både genuin och hycklad, för att delta i *swadeshi*-rörelsen, och för att bidra till ett mål som den japanska segern hade laddat med en kraft som ingen hade kunnat ana före kriget.

Alla dessa förbluffande händelser fick näring av denna konflikt som utkämpades i den östra delen av Asien, såsom 450 år tidigare en lika stor konflikt hade utkämpats i den östra delen av Europa. Port Arthurs fall 1905, likt Konstantinopels fall 1453, kan med fog räknas till en av de få verkligt stora händelserna i historien.

Att Asiens uppvaknande var en av de stora händelserna i historien ska inte ifrågasättas, men det är en av historiens stora ironier att denna utveckling snart hamnade i skuggan av en serie tilldragelser av till och med än större dimensioner. År 1905, samma år som Port Arthur föll, inträffade den första i raden av de kriser som oundvikligt ledde fram till första världskriget nio år senare.

Fuller ansluter sig till teorin att första världskriget först och främst var ett ”ekonomiskt krig” och citerar ett uttalande av president Wilson 1919: ”Det här kriget ... var ett handelskrig och ett industriellt krig. Det var inte ett politiskt krig.” Fuller citerar också John Maynard Keynes (som skriver vid ungefär samma tid): ”England hade, liksom under varje föregående århundrade, förstört en handelskonkurrent.” Man kan fråga sig om Wilson eller Keynes skulle ha sagt samma sak lika kategoriskt 1929 eller 1939.

Det är visserligen sant att handelskonkurrensen mellan Tyskland och Storbritannien hade hunnit utvecklas till en allvarlig fråga 1914 – men statistik kan vara vilseledande. Fuller anför till exempel att mellan 1894 och 1904 ökade den tyska handelsflottan sitt tonnage med 234 procent. Detta må vara sant, men det är inte desto mindre ett faktum att under perioden 1910–1912 uppgick det brittiska handelstonnaget till 11 700 000 samtidigt som det tyska tonnaget låg på 3 000 000 – vilket ger en något annan belysning av situationen. Samma mönster går igen i världshandeln: Fuller pekar på en ökning av den tyska handeln från 365 miljoner pund 1894 till 610 miljoner pund 1904. Detta bortser från att Tyskland redan 1880 var världens näst största exportör av fabriksvaror – något som inte hade givit upphov till diskussioner om ”rivalitet” eller förhöjd krigsrisk. Det bortser också från att Tyskland 1913 stod för 21,7 procent av världshandeln med fabriksvaror, medan Storbritanniens andel var 27,2 procent, och att värdet av den tyska exporten av fabriksvaror samma år uppgick till 1 615 miljoner dollar, medan motsvarande värde för Storbritannien var 2 029 miljoner dollar.[4] Det är höjt över allt tvivel att Tysklands snabbt växande befolkning och expanderande industrialisering under 1800-talets sista årtionden medförde en oerhörd ekonomisk slagkraft, men det går inte heller att bortse från att Storbritanniens försprång fortfarande var betryggande – även om det visst fanns somligt som tydligt pekade på att en del av de brittiska industrierna hade passerat zenit och nu befann sig i utförslöpan. Men slutligen återstår det faktum att första världskriget inte främst utkämpades mellan Storbritannien och Tyskland. Det var ett krig vars tidpunkt och form dikterades av den tyska krigsplanen, och den planen omfattade knappast Storbritannien. Kriget var riktat mot Frankrike och Ryssland – av politiska skäl. Woodrow Wilson hade fel – det *var* ett politiskt krig.

Grunddragen i det tyska "problemet" (som det ofta kallades) återfinns i landets geografi – att Tyskland ligger mitt i Europa mellan tre stora imperier. Efter att Österrike besegrats 1866 hade Tyskland inte längre något att frukta från det hållet och i själva verket var anslaget att åstadkomma så nära kontakter som möjligt mellan de två germanska nationerna. Men Ryssland i öster och Frankrike i väster återstod. Frankrike hade genomgått en förbluffande återhämtning efter katastrofen 1871 – ett bevis på landets robusta ekonomi – och den franska revanschlusten att vända fredsfördraget det ödesdigra året i sin motsats blev en störande faktor. Bismarcks politik utgick också på att hålla Frankrike och Ryssland isär – vilket inte var särskilt svårt, eftersom ena landet var en republik och det andra en många gånger brutal autokrati. Men 1890 lät den unge kejsaren Vilhelm II avskeda Bismarck, och därefter lyste statsmannakonsten på ett iögonenfallande vis med sin frånvaro i den tyska politiken. År 1893 undertecknade Ryssland och Frankrike en defensiv försvarsallians, och 1895 inträffade miraklet att den ryske tsaren bestods med ett triumfatoriskt mottagande av den parisiska befolkningen under ett statsbesök.

Vilhelm II (drottning Viktorias favoritbarnbarn) nöjde sig emellertid inte med att ha tillåtit sina två mäktigaste potentiella fiender att ingå ett förbund med varandra utan lät nu inleda en politik som inte kunde undgå att stöta Storbritannien för pannan och driva engelsmännen i armarna på hans fiender: han började bygga upp en tysk oceangående örlogsflotta. Fuller är inte övertygad om att detta utgjorde ett verkligt hot mot det brittiska imperiet. Han anför statistik gällande kostnaderna för utbyggnaden av flottan mellan 1909 och 1914 vilket föranleder honom att dra slutsatsen: "hur någon kan påstå att den tyska flottupprustningen hotade England är svårt att förstå". Han antyder att det inte var den kejserliga tyska örlogsflottan utan handelsflottan som var det verkliga hotet. Men vi har redan konstaterat att den tyska handelsflottan 1912 endast uppgick till en fjärdedel av den brittiska, och här är det värt att rikta uppmärksamheten mot den egentliga avsikten bakom utbyggnaden av den kejserliga örlogsflottan. Syftet framhölls kortfattat (även om misstänksamheten skiner igenom nog så tydligt) i ett "topphemligt" memorandum från amiral Tirpitz 1897: "För Tyskland är den farligaste fienden till havs för ögonblicket Storbritannien. Det är också den fiende som vi med största skyndsamhet måste kunna bemöta med ett större mått av sjökrigsförmåga som en *politisk maktfaktor*."[5]

År 1904 hade det tyska marina hotet redan givit upphov till följdverkningar: Storbritannien och Frankrike hade sökt stöd hos varandra i *entente cordiale*. Sedan kom det ödesdigra året 1905: Frankrikes huvudallierade, Ryssland, drabbades av militärt nederlag och revolution. Tyskland bestämde sig för att utnyttja dessa bakslag till sin egen fördel för att testa ententens verkliga styrka. Tillfället yppade sig i samband med en kris i relationerna till Frankrike i samband med det politiska och ekonomiska inflytandet i Marocko – men till Tysklands förfäran bestod ententen provet. I stället för att falla sönder stärktes alliansen mellan Storbritannien och Frankrike, och på Algeciraskonferensen 1906 tvingades Tyskland till ett förnedrande diplomatiskt nederlag.

Konsekvenserna var ytterligt omfattande. Det var denna kris som föranledde de hemliga militära överläggningarna mellan Storbritannien och Frankrike som med tiden i all tysthet men obetvingligt skulle bli en dominerade politisk faktor, och som också i stor utstrackning skulle bidra till att ge första världskriget dess form och karaktär. Dessutom upprättade Storbritannien 1907 trots det engelsk-japanska fördraget allt närmare kontakter med Ryssland (det engelsk-ryska fördraget), och härigenom föddes trippelententen, som var en direkt utmaning mot trippelalliansen mellan Tyskland, Österrike–Ungern och Italien. Dessa maktblock syftade till att ge alla de inblandade den trygghet som de inte längre kunde uppnå om de var isolerade. Men på grund av de olika "avhängigheter" som också var inblandade – och då inte minst den inflammerade situationen på Balkan – innebar dessa allianser inte större trygghet utan tvärtom en mer riskfylld situation. En fingervisning om följderna kom 1908 när Österrike annekterade Bosnien och Hercegovina. Rysslands ”protektorat” över slaverna på Balkan hotades: när kriget så kom var det inte någon tillfällighet att det var elektriciteten från detta område som utlöste blixten.

Efter 1905 låg vägen till kriget deprimerande öppen och väl skyltad. Kriserna avlöste varandra: i Storbritannien fick 1909 en larmrapport om att tyskarna möjligen var i färd med att i hemlighet bygga ut sin flotta till resultat ett febrilt fartygsbyggande, 1911 en ny kris i Marocko (Agadir) som utlöstes av tyskt sabelskrammel, 1912–1913 Balkankrigen som resulterade i att det slaviska kungariket Serbien växte sig alldeles för starkt i Österrikes ögon. Och till slut 1914 var det konflikten mellan Österrike och Serbien som utlöste världskriget. Ryssland stödde Serbien, Tyskland stödde Österrike och hamnade därmed i direkt motsatsställning till ett av länderna i trippelententen. En sådan eventualitet hade tyskarna endast ett botemedel mot: den operationsplan som hade utarbetats av generalstaben under greve von Schlieffen. Visserligen var von Schlieffen död och hans plan hade hunnit modifieras något till sitt innehåll av hans efterträdare, men den var fortfarande enda planen som fanns tillgänglig för att mobilisera den stora tyska armén och göra den stridsberedd. Och grundtanken i planen, som utgick från ett tvåfrontskrig där Ryssland (”ångvälten”) skulle mobilisera i långsam takt, föreskrev ett direkt anfall mot Frankrike med föresatsen att krossa den franska militärmakten på fyrtio dagar. Kejsaren upptäckte så till sin förfäran att det endast fanns ett håll som de tyska arméerna kunde marschera åt – västerut, mot Frankrike – och än värre – västerut genom Belgien för att överflygla de franska försvarslinjerna. Storbritannien stod som garant för Belgiens självständighet och oavsett om den engelska folkopinionen kanske i sista ögonblicket skulle tveka inför att fullgöra sina åtaganden i ententen, var det helt otänkbart att man inte skulle fullgöra sina skyldigheter gentemot Belgien. Cirkeln var sluten (bortsett från Italien, som redan tillämpade principerna bakom den heliga egoismen). Alla bedyranden om fred, allt sökande efter trygghet, alla liberala drömmar hade slagits sönder. I augusti 1914 började första världskriget, och härigenom den mest drastiska, snabbaste och ohyggligaste förändringsprocess mänskligheten dittills hade upplevt.

Slagen vid Marne och Tannenberg 1914

Kriget som följde på konflikten mellan Serbien och Österrike förvandlades snabbt till en världsomfattande konflikt. Orsaken var att alla de stormakter som var inbegripna, däribland Japan och Turkiet, som anslöt sig till trippelententen respektive trippelalliansen den 23 augusti och den 29 oktober, samt Italien som anslöt sig till trippelententen den 4 maj 1915[1], var imperier vars gränsområden till större delen kolliderade med varandra. När USA till sist den 6 april 1917 förklarade krig mot Tyskland i spetsen för ett antal sydamerikanska nationer samt också några andra länder, blev kriget globalt och det fanns inte längre en enda stormakt utanför konflikten som kunde agera skiljedomare.

Det är självfallet omöjligt, med tanke på hur omfattande denna konflikt var, att i denna bok beröra alla fälttåg och kampanjer, även om många av dem fick djupgående historiska konsekvenser. Snarare är det mer på sin plats att analysera de militära teorier som var förhärskande under perioden före kriget hos de främsta kombattanterna, särskilt då Frankrike och Tyskland – vilka angav den taktiska takten – innan det första avgörande slaget beskrivs. Såvida inte dessa teorier blir tillräckligt klargjorda, är det omöjligt att nöjaktigt förstå varför kriget fortsatte ända fram till november 1918, trots att tyskarna inom halvannan månad efter krigsutbrottet hade lidit omfattande nederlag. Det var följdverkningarna av det utdragna kriget som fundamentalt förändrade historiens gång.

Under de 40 år som föregick kriget florerade en uppsjö av olika militära teorier eftersom detta var en period som kännetecknades av omfattande industriell utveckling, och även om detta inte var den moderna vetenskapliga tidens vagga, var det i varje fall nu grunden lades. Bland de många militära teoretiker som framträdde under de här åren fanns en som skiljde sig från mängden, nämligen I. S. Bloch, eftersom han sysselsatte sig med rötterna till krigets problem. Han var polsk bankir och ekonom. År 1897 publicerade han en ingående analys av det moderna kriget med titeln *The War of the Future in its Technical, Economic and Political Relations*, och 1899 kom en förkortad engelsk upplaga redigerad av W. T. Stead betitlad *Is War now Impossible*?

Blochs tes var att kriget formas av civilisationen, och eftersom civilisationen vid slutet av 1800-talet nästan hade lämnat den agrikulturella fasen för industrialismen, hade krigets karaktär som följd därav förändrats. Han skrev:

> Vad är det för mening att prata om det förflutna när utgångspunkten består av en helt ny uppsättning förutsättningar? Stanna upp ett ögonblick och tänk efter vad nationer var för hundra år sedan och vad de är i dag. På den tiden innan järnvägarna, telegraflinjerna, ångfartygen etcetera hade uppfunnits var varje nation mer eller mindre en homogen, självförsörjande, självtillräcklig enhet. ... Allt detta har förändrats. ... För varje år blir nationerna alltmer beroende av varandra för livsförnödenheter. ... Härav följer att det första målet för kriget är att beröva den nation som man bekämpar tillgång till alla de produkter man har kontroll över. ...

Soldatens värv minskar i betydelse medan ekonomens blir allt väsentligare. Därför är kriget inte längre en lönsam väg. Den gamla uppfattningen om kriget som en affärsverksamhet är absurd; i dag låter sig kriget formuleras som en förryckt form av inbrott – att man ödelägger sitt eget hus. ”Det yttre och synliga tecknet på att krigets saga är all”, sade han, ”var införandet av magasinsgeväret. ... Soldaten har genom den naturliga evolutionen gjort slaktens mekanism så perfekt att han praktiskt taget har säkerställt att han själv utrotas. Hans beskrivning av det moderna kriget är bestickande, för det var exakt så krigföringen tedde sig sjutton år senare. Och hans förutsägelse om kriget är inte mindre träffande:

> I förstone kommer slakten att bli så omfattande och ohygglig att trupperna inte förmår driva slaget till ett avgörande. De kommer att försöka göra det, helt övertygade om att de slåss under de gamla förutsättningarna,

och de kommer att lära sig en läxa som gör att de för alltid överger alla sådana försök. ... Kriget kommer inte längre att vara en strid man mot man där soldatens fysiska och moraliska egenskaper fäller avgörandet, utan en sorts dödläge, där ingen armé kommer att kunna få övertaget. Bägge arméerna kommer att bekämpa varandra och hota varandra men aldrig kunna utdela ett avgörande och slutgiltigt slag. ... Detta är krigets framtid – inte strider utan svält, inte soldaters död utan nationers ruin och hela sociala organisationers sammanbrott. ... I nästa krig kommer alla att ligga väl förskansade. Det kommer att bli ett skyttegravarnas krig. Spaden kommer att bli lika viktig för soldaten som geväret. ... Alla krig kommer att anta formen av belägringsoperationer ... soldaterna må slåss efter bästa förmåga men avgörandet heter *svält*.[2]

Han föreställde sig att i ett krig mellan stormakterna skulle tio miljoner män dra ut i fält, att frontlinjerna skulle bli så omfattande att det skulle bli omöjligt att föra befäl över dem, att kavalleriet skulle bli oanvändbart, att bajonetten tillhörde det förgångna och att artilleriet skulle bli det dominerande vapenslaget.

Även om denna bild mycket träffande fångade det därpå följande kriget, förmådde Bloch inte fullfölja sin tes till dess logiska slutsats. Om hans analys stämde, innebar detta att det stillastående kriget under inga omständigheter kunde tillåtas. Giltigheten i hans förutsägelser var avhängig de förutsättningar som rådde vid tidpunkten och att de inte förändrades, men sekelskiftet innebar en störtflod av uppfinningsrikedom som skulle revolutionera kriget på ett mer omvälvande vis än vad som varit fallet när hästen introducerades på slagfältet på 3000-talet före Kristus.

De två uppfinningar under den här perioden som hade störst betydelse för kriget var förbränningsmotorn och den trådlösa telegrafen.[3]

Som kommersiell produkt introducerades bensinmotorn av doktor N. A. Otto 1876.[4] Nio år senare förbättrade Gottlieb Daimler konstruktionen. Han försåg en cykel med en liten förbränningsmotor och utvecklade härigenom det första bensindrivna fordonet.[5] Därefter fästes motorn vid en fyrhjulig vagn och 1895 hölls den första biltävlingen. Loppet gick från Paris till Bordeaux och tillbaka, och vinnaren avverkade de 120 milen med en medelhastighet på 24 kilometer i timmen. Till sist kom så förbränningsmotorns största triumf. Den 17 december 1903 lyckades Orville Wright vid Kill Devil Hill, Kitty Hawk, North Carolina flyga i tolv sekunder i ett motordrivet plan. Sex år senare flög Blériot i ett monoplan över Engelska kanalen på 31 minuter. Efter 3 000 år besannades så legenden om Daidalos. En kraft hade fötts som inom ett halvt århundrade skulle förändra krigföringens natur.

Den andra uppfinningen – den trådlösa telegrafin – utformades rent teoretiskt 1887 av Rudolf Hertz. Han bevisade att under vissa omständigheter kan en elektrisk gnista skapa en effekt som förs vidare genom rymden som en elektrisk våg. Detta uppmärksammades av Guglielmo Marconi som föresatte sig att utveckla en apparat som kunde uppfånga dessa vågor, och han lyckades så väl i sin föresats att han 1897 kunde skicka ett trådlöst meddelande 14 kilometer och 1901 över 480 mil.

Dessa två uppfinningar innebar nya möjligheter för krigföringen som gick betydligt längre än någonting som krutet eller ångmaskinen lyckats åstadkomma. Förbränningsmotorn revolutionerade inte bara möjligheten till snabba transporter, och gav följaktligen helt nya möjligheter för krigföringen till lands, utan den gav kriget dessutom genom flyget en tredje dimension. Den trådlösa telegrafin försåg kriget med en fjärde dimension, eftersom den i allt väsentligt utplånade såväl tiden som rummet. Alltså skapades två nya slagfält – himlen och etern.

Såväl dessa förändringar som andra som följde av en rad mindre framträdande uppfinningar, satte tillsammans med de framsteg som gjordes inom metallurgin, kemin, biologin, det elektriska området samt andra vetenskaper igång krafter som var helt annorlunda än de som frigjordes av kolet och ångan. Det var intellektet snarare än materien, tanken snarare än faktiska föremål och framför allt fantasin som strävade efter att vinna makt. Nya substanser dök upp, nya energikällor började utnyttjas och nya synsätt på livet gjorde sig gällande. Världen ömsade skinn – mentalt, moraliskt och fysiskt – en process som skulle förvandla den industriella revolutionen till en teknisk civilisation.

Militärerna, som saknade kontakt med den samhälleliga utvecklingen i stort, upptäckte inte denna förändring. De insåg inte att krigsmakten i takt med att civilisationen blev alltmer teknisk borde anpassa sig därefter: att nästa krig i lika stor utsträckning skulle bli en kamp mellan fabriker och tekniker som mellan arméer och generaler. Med tanke på vetenskapens ständiga framsteg kunde krigföringen inte stå still. Inte ens den framsynte I. S. Bloch lyckades inse detta.

Få militärer, oavsett om de hörde till armén eller flottan, var lika klarsynta som han, och de som i likhet med honom gav prov på framsynthet lyckades inte inse att industrin och vetenskapen redan hade givit dem vapen så kraftfulla att om de kombinerades på rätt sätt kunde de förhindra ett utnötningskrig. Det stora flertalet var fientligt inställda till nymodigheter, men inte desto mindre var tron på det rörliga kriget stor, och i detta avseende gick den allmänna åsikten inom militären tvärtemot Blochs uppfattning. Till exempel skrev 1912 en framstående fransk militär sålunda: ”I ett krig mellan Frankrike och Tyskland förutser vi inte ett sådant förlopp [ett skyttegravskrig]. ... Strider i befästa läger, så som inträffade vid Plevna och Mukden, kommer aldrig att äga rum i ett krig där den franska armén är inblandad.”[6]

Gudarna för denna irrlära utgjordes av general Foch, general de Grandmaison och general Langlois, som upprättade en meningsriktning som bara ägde sitt motstycke bland Sudans dervischer.[7] Deras vägledande princip var att moral var det ofelbara svaret på gevärskulan – ren häxkraft. Foch citerade gillande Joseph de Maistre: ”Ett slag är förlorat när man tror att det är förlorat, för ett slag kan aldrig förloras fysiskt.” Foch tillade: ”Därför kan det bara förloras på det moraliska planet. Men å andra sidan är det just genom moral man vinner ett slag, och därför kan vi utvidga aforismen på följande vis: ’Ett vunnet slag är ett slag där man inte erkänner sig besegrad.’”[8]

Jämte detta ordklyveri trodde han att ”alla förbättringar av skjutvapnen kommer i slutändan att stärka offensiven”. Därför fanns det bara en princip att följa i ett slag – nämligen att gå till anfall![9] Han tycks ha bortsett från att ett anfall bär frukt först om man drar sig till minnes grundtanken i Napoleons lära om offensiven – ”krig utkämpas med artilleri”.[10]

Greve von Schlieffen, den tyske generalstabens chef 1891–1905, insåg delvis detta,[11] och för att göra anfallet kraftfullare än försvaret utökade han antalet tunga tyska kanoner; men han insåg inte att detta i sig självt var otillräckligt, och att sann överlägsenhet endast kunde uppnås genom en ny stridsorganisation som byggdes runt kanonen. Detta var det främsta taktiska problemet som alla arméer ställdes inför efter det rysk-japanska kriget, och det var ingalunda ett obekant dilemma.[12]

Sådan var den osynliga taktiska bakgrunden till kriget 1914–1918. Den synliga bakgrunden var denna:

Efter det fransk-tyska kriget reviderade de franska och tyska generalstaberna med jämna mellanrum sina övningshandböcker, och efter 1905 gav de taktiska doktrinerna nästan undantagslöst uttryck för offensiva tankegångar. Bajonettanfallet förblev den vedertagna och eftersträvansvärda anfallsmetoden. De skillnader som fanns mellan doktrinerna handlade främst om nationella och traditionella karakteristika. Intellektuellt är tyskarna eftertänksamma och metodiska medan fransmännen är vaksamma och försiktiga. Fransmännen anslöt sig till Napoleon, och trodde på anfallet för att avslöja fiendens ställningar och när man väl fått de uppgifter man behövde var tanken att sätta sig i rörelse mot den utvalda punkten *under* slaget för att utdela den avgörande stöten. Tyskarna delade inte denna uppfattning. De menade att man skulle marschera rakt mot fienden när han väl hade lokaliserats, och sedan angripa honom framifrån och på alla punkter samtidigt för att omsluta hans flanker. Deras system byggde på Spartas krigföring, en mur av män som ryckte fram utan att hålla en större reserv i beredskap. Fransmännen utgick från den romerska metoden: en mindre första anfallslinje med kraftigt understöd bakifrån. Tyskarna menade att fronter var omöjliga att penetrera, men att de alltid måste angripas för att bindas. Fransmännen menade att ett flankangrepp alltid kan förutses, medan detta inte gällde för frontalanfallet. Kort sagt trodde tyskarna, på grund av att de var så metodiska, på en plan som vilade på ren råstyrka, och eftersom fransmännen var individuella trodde de på individens skicklighet på slagfältet. Tyskarna menade att den franska metoden skulle leda till oordning och fäste sina förhoppningar till generalen och hans plan; fransmännen menade att den tyska metoden skulle leda till omfattande manspillan och hejda anfallet och knöt sina förhoppningar till den enskilde soldatens initiativkraft.

När det gällde infanteritaktik förespråkade tyskarna att anfallet skulle inledas med en kraftig skyttelinje som sedan skulle rycka fram tills fiendens moteld började göra sig gällande. Sedan skulle fiendens ställningar utsättas för kraftig beskjutning varefter soldaterna skulle åla sig fram till mellan 800 och 400 meter från fiendens linje för att vinna eldöverlägsenhet, och till sist återigen rycka fram och gå till bajonettanfall på 100 meters håll. Om denna sista framryckning inte kunde genomföras, skulle den sista sträckan avverkas i skydd av natten och anfallet utföras i gryningen. Den franska teorin utgick från Ardant du Picqs doktriner: att röra sig framåt under noga kontrollerad eldgivning fram till 400 meters avstånd, då man menade att förlusterna skulle minska eftersom den riktade eldgivningen blev omöjlig, och därefter rycka fram och inta fiendeställningarna med hjälp av bajonett.

Bägge generalstaberna studerade den artilleritaktik som hade använts under rysk-japanska kriget. Fransmännen begrundade rapporterna om det japanska artilleriets överlägsenhet, och tyskarna fick lära sig att artilleriduellen och infanterianfallet var en och inte två åtskilda handlingar under striden. Bägge anslöt sig till fördelarna med indirekt eldgivning med alla pjäser som inte gav direkt understöd till infanteriet, men på det stora hela ogillade tyskarna skyddad eldgivning och menade att eftersom deras artilleri var numerärt överlägset fransmännens, skulle de snabbare kunna krossa sin antagonist om de samtidigt lät öppna eld från oskyddade ställningar med alla sina pjäser. Huvudskillnaden låg i deras olika syn på haubitsen. Efter Plevna hade tyskarna satt sin tillit till den lätta haubitsen – efter Mukden hade de i stället valt den tunga. Fransmännen tyckte inte om haubitsen, de menade att deras fältkanon om 75 mm var fullt tillräcklig. De ansåg att den tunga haubitsen var ett klumpigt vapen som inte hörde samman med mobil krigföring, och när tyskarna jublade över den oerhörda moralhöjande effekten som de tunga granaterna hade på trupperna, hade fransmännen sitt svar redo: tyska trupper behövde ljudet för att gaska upp sig, men franska trupper stod höjda över sådana dumheter – de var alltför intelligenta.

Sådana var de teorier som lades fram mellan 1905 och 1914, och av de två arméerna var det definitivt tyskarna som hade lärt sig mest av striderna i Manchuriet. Men ingen av de båda sidorna lyckades dra den viktigaste lärdomen: projektilens, kulans och granatens fördel *i försvarsstrid*, och den logiska konsekvensen – att befästa slagfältet. Bägge misslyckades med att förstå att såvida inte nästa krig kunde vinnas under det första stormanfallet, skulle denna konflikt på grund av förändrade förutsättningar med nödvändighet utvecklas till ett skyttegravskrig mellan miljoner och inte hundratusentals soldater, och ett skyttegravskrig skulle innebära en enorm ökning av antalet artilleripjäser och granater.

Vid krigsutbrottet fördelade sig styrkeförhållandena mellan de krigförande länderna enligt tabellen på nästa sida:

	Frankrike	*Storbritannien*	*Ryssland*	*Belgien*	*Serbien*	*Tyskland*	*Österrike*
Inf. div.	62	6	114	6	11	87	49
Kav. div.	10	2	36	1	1	11	11

Även om beväpningen varierade till utformningen, var den i stort sett av samma beskaffenhet. Nästan all transport skedde med hjälp av häst. Lastbilen började tas i bruk, men vid krigsutbrottet ägde det brittiska krigsministeriet endast 80 stycken. Personbilar användes däremot i hög utsträckning av högre befäl och deras staber. Flygplan fanns i begränsad omfattning: den tyska armén hade 384 flygplan och 30 luftskepp, fransmännen 123 flygplan och 10 luftskepp och britterna 63 flygplan. I huvudsak användes flygvapnet för spaning. Jämfört med arméer i det förgångna var den största skillnaden förmodligen att 1914 års trupper hade välorganiserade sambandskompanier på divisionsnivå med ansvar för kabelläggning, vilka också var försedda med radiotelegrafisk sändnings- och mottagningsutrustning.

De franska och tyska kampanjplanerna hade ingenting gemensamt förutom att bägge utgick från offensiven, och när det gäller fransmännen är det nödvändigt att lämna en något mer detaljerad redogörelse eftersom vi här har att göra med ett klassiskt exempel på hur en plan inte ska utformas.

Den 29 juni 1911 blev general Messimy krigsminister i Joseph Caillaux regering. Han var den fjärde innehavaren av posten under loppet av fyra månader. Tre dagar senare träffade han för första gången general Michel, viceordförande i Högsta krigsrådet (Conseil Supérieur de la Guerre) och tänkt som överbefälhavare i händelse av krig, och överste de Grandmaison, chef för generalstabens operativa avdelning (3e Bureau). Dessa två män var inte eniga med varandra, och bakom ryggen på Michel höll en av dessa politisk-finansiella intriger som är den franska demokratins förbannelse som bäst på att segla upp.

General Michel ansåg att det i händelse av krig med Tyskland var sannolikt att tyskarna skulle göra två saker: 1. simultant mobilisera sin reserv tillsammans med den stående armén, och 2. låta huvudanfallet svepa fram genom Belgien. Därför var det enligt hans uppfattning nödvändigt att de franska reserverna också mobiliserades och att krigsplanen skulle utgå från att stäcka denna framryckning. Han föreslog att trupperna skulle fördelas enligt följande: 490 000 man mellan Lille och Avesnes, 280 000 mellan Hirson och Rethel; 300 000 mellan Montmédy och Belfort samt en reserv om 220 000 man i Paris omgivningar, som genast skulle kunna förstärka vilken som helst av dessa grupper så snart som den tyska planen stod klar.[13]

Av olika skäl var detta projekt en ren styggelse i generalstabens ögon. Den viktigaste invändningen var att man genom att blanda reservister med reguljära enheter skulle försena offensiva operationer. Ändå måste det ha varit allom bekant att tyskarna, som var upphovsmännen bakom systemet med reserver, ända sedan 1813 alltid hade blandat sådana enheter med varandra. Messimy kände till detta, och han visste också att tre medlemmar av krigsrådet – general Gallieni, general Dubail och general Durand – var fientligt inställda till Michel. För att bli kvitt Michel sammankallade Messimy den 19 juli ett möte i krigsrådet, och när frågan om reserver röstades ner av en majoritet av medlemmarna sade han till Michel att då han och hans kolleger hade förlorat förtroendet för honom såg han sig nödgad att be honom om att avgå. Sålunda avskedades den enda medlemmen i krigsrådet som såg vad framtiden bar i sitt sköte, och som också förstod hur hotet skulle bemötas. Messimy försökte nu hitta en efterträdare.

Först tänkte han på general Gallieni, men eftersom han hade röstat emot Michel valde han att i stället fråga general Pau – som vägrade. Sedan vände han sig till general Joffre, som aldrig hade fört befäl över en armé – inte ens på papperet – och som saknade all kunskap om generalstabsarbete. Joffre tackade ja och bad om att få general Foch som stabschef,[14] men detta förvägrades honom eftersom Foch var katolik. Messimy berättar för oss att han valde Joffre eftersom denne var utrustad med ”en stark, kraftfull och imponerande personlighet ... ett klart om än långsamt intellekt ... beslutsamhet om än av ett något dröjande slag ... och orubblig kallblodighet”.[15] Det må vara hur det vill med den saken, för Messimy var bara redskapet för den kamarilla i generalstaben som kontrollerade armén. Det verkar som om sanningen var att denna ansvarslösa grupp hade förespråkat Joffre eftersom, som general Percin säger, han inte visste något om vad han skulle göra och det därför skulle vara lättare att förmå honom att gå generalstabens ärenden.[16] Med andra ord skulle Joffre ur generalstabens perspektiv bli en utmärkt buktalardocka.

Joffre, född 1852, var tunnbindarson från Rivesaltes. Han var en typisk fransk bonde – förslagen men fantasilös, envis, skarpsinnig, hemlighetsfull och praktisk. Han var väl medveten om sina egna tillkortakommanden och dolde dem. Han skrev – och läste – sällan interna redogörelser. Han var en enkel människa och tyckte om enkla lösningar och hans stab gav honom enkla sammanfattningar av de ämnen han var tvungen att ta itu med. Som general var han ett strategiskt vakuum inom vilket hans generalstab surrade. Inte desto mindre räddade han som den kämpande bonden Frankrike, eftersom han inte ryggade tillbaka från ansvar, och eftersom han var en ytterst modig men också brutal man. Även om han före kriget hade valt sina egna underlydande, drog han sig inte när kriget väl började, och de misslyckades, för att avskeda den ene efter den andre. Under en månad – från den 2 augusti till den 6 september – fick två armébefälhavare, tio kårchefer och trettioåtta divisionsbefäl avsked, det vill säga ungefär hälften av de högre generaler som stod under hans befäl.[17]

Teorin om den oavlåtliga offensiven, som vid denna tidpunkt omfattades av generalstaben, passade Joffres envisa karaktär som hand i handske. Offensiven blev hans enda och allt överskuggande mål, på samma sätt som den också blev ledstjärna för hans politiske överordnade, president Fallières, som 1912 hade sagt: ”Vi är fast beslutna att marschera rakt emot fienden utan all tvekan … Endast offensiven passar våra soldaters temperament.”[18] Sålunda blev Joffre redskapet för en skola av militär ockultism, ett samfund i Bergsons anda, som Pierrefeu kallar generalstaben, ”vars doktrin grundades på att misskreditera förståndet och likt en kult hylla det intuitiva”.[19] Dessa militära ockultister, som stöddes av Comité des Forges de France, var Joffres hjärna, varur krigsplanen silades fram. Den var patetiskt förenklad, ”vilade”, som Jean de Pierrefeu formulerade det, ”helt på den mystiska föreställningen om offensiven”,[20] och utgick också från de idéer som förfäktades av general Bonnal, som hade varit mannen bakom de två tidigare planerna – Nummer XV och XVI.

Bonnal var en hängiven men tanklös lärjunge till Napoleon, en efterapare vars osjälvständiga lärdom hade förlänat honom ryktet att vara samtidens ledande strateg. Inpyrd av napoleonsk lära misslyckades han med att bringa sina kunskaper i överensstämmelse med de förändrade förhållandena. Han tänkte i ”diamanter” med trupper och *batallions carrées* men inte på järnvägar, magasinsgevär och snabbskjutande artilleri. Hans bärande tankegång var enkelheten i sig. Eftersom han antog att tyskarna skulle ställa upp ungefär tio kårer på en frontlinje om 60 till 80 kilometer mellan Toul och Épinal, var allt som krävdes att man mötte dem med en *batallion carrée* om 800 000 man – tre linjer med arméer, en armé i första, tre i andra och en i tredje. En frontal sammanstötning mellan armén i första linjen och fienden skulle då äga rum och i skydd av denna skulle den andra och tredje linjens arméer kunna manövrera sig i ställning. Detta var vad som hade hänt vid Jena men i ytterligt uppförstorad form. Inte desto mindre var ”Bonnal övertygad om att han hade hittat hemligheten bakom segern”.[21]

Joffres unga intellektuella utgick från plan XVI som en lämplig grund och började sedan arbeta med att färdigställa plan XVII. Den vilade på två grundprinciper. Den första var att tyskarna till en början inte skulle föra fram sina reserver tillsammans med de reguljära enheterna. Därför skulle de inte vara numerärt starka nog att samtidigt rycka fram genom såväl Belgien som Lorraine. Den andra var att eftersom den franska soldaten är ohejdbar i anfall låg lösningen i att koncentrera de franska arméerna mellan Mézières och Épinal och rycka framåt. Bakom denna anfallsriktning låg kravet från Comité des Forges att järnmalmsfyndigheterna i Lorraine måste skyddas.

Joffre accepterade blint dessa idéer, och trots att han berättar för oss att han var övertygad om att tyskarna inte skulle använda sina reservtrupper[22] eller rycka fram genom Belgien, säger han inte desto mindre i sina *Memoirs:* ”Vi kände till deras mobiliseringsplan av den 9 oktober 1913; vi visste att det i denna plan slogs fast att ’reservtrupper kommer att användas på samma sätt som reguljära trupper’.”[23] Han berättar vidare att han i sina händer hade en karta över en övning ”som utfördes av den tyska generalstaben 1905, där den tyska högra flygelns framryckning genom Belgien studerades”, och dessutom en plan över ”ett stort krigsspel som genomfördes 1906” och där samma mönster förekom.[24] För att bevisa att generalstaben hade rätt tilläts dubbelspelet gå så långt att överstelöjtnant Buat 1913 förfalskade ett dokument, *La Concentration Allemande*, som han låtsades ha hittat i en tågkupé. Av detta dokument framgick att de tyska reserverna *inte* skulle återfinnas i främsta linjen, och att den tyska framryckningen skulle ske längs floden Meuses högra strand vid Mézièrer.

Trots att Joffre *et consortes* var fast beslutna att spela Napoleons roll, verkar det som om han faktiskt helt saknade egen plan. Han säger: "det fanns aldrig någon nedskriven operativ plan. ... Jag försvor mig inte åt någon på förhand bestämd uppfattning, annat än en fast beslutsamhet att gå till offensiv med alla mina trupper. ... Jag bestämde mig därför för att låta begränsa våra analyser till studier av möjliga truppkoncentrationer för detta syfte."[25]

Men det var just vad den grupperingsplan han gav sitt stöd åt inte förmådde göra. Planen såg ut på följande vis:

1. *Första armén* (Dubail): Charmes–Arches–Darney; högkvarter i Épinal; fem reguljära kårer, fyra divisioner och två kavalleridivisioner: totalt 256 000 man.
2. *Andra armén* (de Castelnau): Pont Saint Vincent–Mirecourt; högkvarter Neufchâteau; fem reguljära kårer, tre divisioner och två kavalleridivisioner: totalt 200 000 man.
3. *Tredje armén* (Ruffey): Saint-Mihiel–Damvillers; högkvarter Verdun; tre reguljära kårer, tre divisioner och en kavalleridivision: totalt 168 000 man.
4. *Fjärde armén* (Langle de Cary): Vavincourt–Bar le Duc–Void; högkvarter Saint Dizier; tre reguljära kårer och en kavalleridivision: totalt 193 000 man.
5. *Femte armén* (Lanrezac): Grandpré–Suippes–Chaumont–Porcien; högkvarter Rethel; fem reguljära kårer, fem divisioner och en kavalleridivision: totalt 254 000 man.
6. *Kavallerikåren* (Sordet): Mézières, tre divisioner.
7. *Högra flygeln*: Vesoul, tre divisioner.
8. *Vänstra flygeln*: Sissonne, tre divisioner.

Detta var den gruppering som den franska generalstaben bestämde sig för och den accepterades av Joffre, som hade för avsikt att när kriget väl bröt ut rycka fram med första armén vid Baccarat–Sarrebourg, och andra armén vid Château-Salins–Sarrebourg, och åstadkomma ett genombrott.

Hans motståndares plan – som visserligen var lika offensiv – var av helt annan beskaffenhet. År 1905 hade greve von Schlieffen, som hade ersatt von Moltke 1891 som chef för generalstaben, omformat den då gällande planen genom att kasta om den. Moltkes tanke hade varit att gå till offensiv mot Ryssland och möta Frankrike med en defensiv, men ryssarnas nederlag

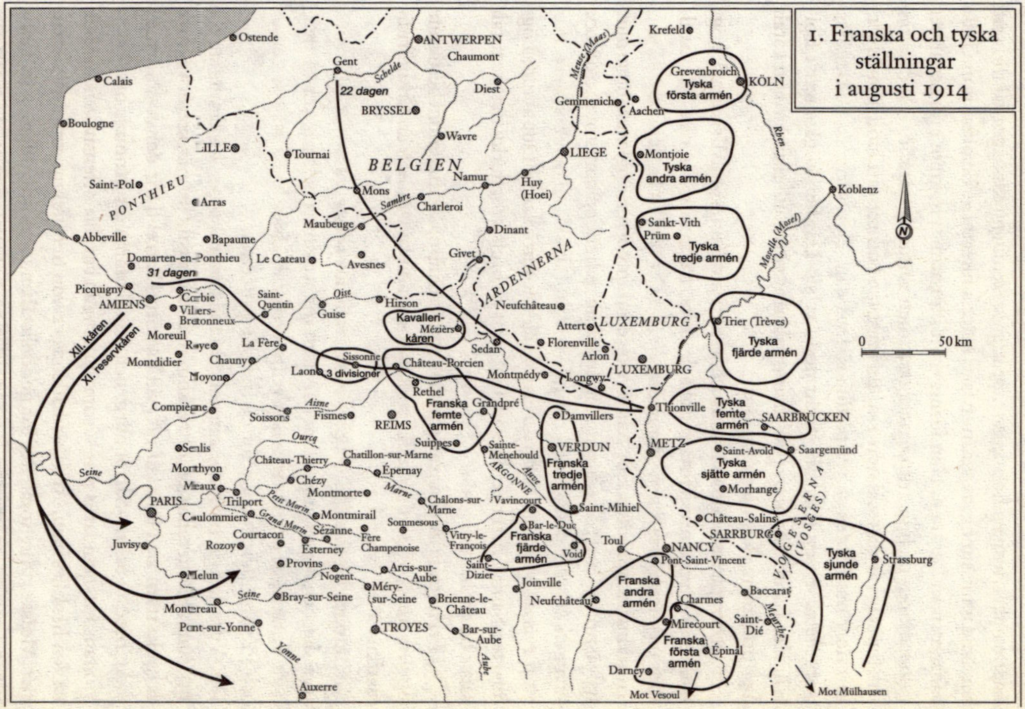

1. Franska och tyska ställningar i augusti 1914

i rysk-japanska kriget hade förändrat maktbalansen. Schlieffen bestämde sig för att ställa endast tio divisioner och lokala enheter mot ryssarna och i stället rikta arméns hela kraft mot Frankrike. Den storslagna taktik som han bestämde sig för utgick inte som många författare förfäktat från Cannae utan från Leuthen. Han förutsåg att fransmännen skulle gruppera sina trupper längs de linjer de också gjorde, och bestämde sig för att avdela sju arméer längs avsnittet Krefeld–Mülhausen med centern i Thionville–Metz; fem norr om Metz och två på den södra sidan. Den förra skulle bestå av trettiofem och en halv kår, understödd av sju kavalleridivisioner, sexton brigader Landwehr och sex divisioner Ersatz, och den senare av fem kårer med stöd av tre kavalleridivisioner.

Därefter planerade han att avancera snett upp mot Metz. Vänstra flygeln skulle först upprätta kontakt med de franska huvudstyrkorna, låsa dem, eller om detta inte lät sig göras dra sig tillbaka och locka dem mot Rhen. Samtidigt skulle högra flygeln rycka fram genom Belgien, svänga mot sydväst runt Paris, och därigenom flytta sig österut och falla fransmännen i ryggen och driva dem med rasande fart mot Tyskland och Schweiz. För att förvissa sig om att denna flygel skulle bli stark nog, bestämde han sig för att så snart detta gigantiska hjul satts i rörelse förstärka det med två kårer från vänsterflygeln.

När vi begrundar den plan som hans efterträdare så småningom bestämde sig för, är det viktigt att hålla de faktorer i åtanke som styrde Schlieffens taktik:

1. Högerflygeln skulle agera i ett landskap väl avpassat för offensiva åtgärder och förses med tillräcklig kraft för att kunna belägra Antwerpen, Namur etcetera och Paris, vilket var navet för det franska järnvägssystemet och försörjningscentrum för de franska arméerna.

2. Vänsterflygeln skulle agera i ett landskap väl avpassat för defensiva åtgärder, och förses med tillräcklig kraft för att förleda fransmännen att dra slutsatsen att ett anfall var mödan värt. Dess roll var *defensiv*.

År 1906 överlämnade Schlieffen sin plan till sin efterträdare greve von Moltke, som hade utsetts av kejsaren att ersätta honom eftersom han menade att von Moltkes namn skulle ha en skräckinjagande effekt på grannländerna. Häri finner vi hemligheten bakom hela det system som styrde den tyska generalstabens tänkande – för den tyska generalstaben var lika rojalistiskt rutten som dess franska motsvarighet var politiskt korrupt. Efter 1870, som också varit fallet efter 1763, vilade den tyska armén på sina lagrar och när Vilhelm II ärvde kronan bestämde han sig för att skapa en paradarmé, en leksak som han älskade att sysselsätta sig med. Han avskydde soldater som kunde sitt yrke och kasserade dem. I stället lät han utnämna högadliga skyddslingar till arméns högre befattningar – galjonsgeneraler som var föga kunniga eller helt okunniga i krigets konst. General von Moltke var en sådan skapelse; han hade inte gått på militärhögskola, men hade under större delen av sin tjänstgöring fungerat som adjutant åt sin farbror samt åt kejsaren. År 1914 var han 68 år gammal, gammalmodig och helt genomsyrad av de stabsidéer som förfäktades av hans farbror – en man som han själv kopierade slaviskt. Enligt honom skulle armén ledas av staben, och som högste befälhavare, för det var vad han var till allt utom namnet, betraktade han sin roll som en man med uppgift att starta en kapplöpning: det enda han behövde göra var att sänka startflaggan och sedan låta sina generaler sköta de operativa angelägenheterna. Han trodde inte på verkställande kontroll, inte ens på kontakt, och hans sambandssystem med sina underlydande var, som vi kommer att se, i princip obefintlig.

Även om Moltke fann sig i Schlieffens plan förändrade han helt dess karaktär, trots att flera nya kårer hade satts upp mellan 1906 och 1914. På den ryska fronten lät han situationen i stort sett förbli oförändrad, och han tilldelade detta område fyra kårer med reguljär trupp och reservister, en reservistdivision, en kavalleridivision och några enheter Landwehr, allt som allt 200 000 man. Men på den franska sidan ändrade han inte bara radikalt på flyglarnas proportionella styrkeförhållanden, utan genom att förstärka den vänstra flygeln föresatte han sig att upprepa Cannae i stället för Leuthen.[26] Överste Tappen, som var operativ chef, säger att denna förändring påtvingades honom av tekniska skäl – järnvägar etcetera.[27] Det finns anledning att betvivla detta, för det verkliga skälet tycks ha varit de påtryckningar han utsattes för av de högadliga armébefälhavarna att förse dem med starkare arméer.

År 1910 återkallade han beslutet att överflytta två kårer från vänsterflygeln, och koncentrerade de sex divisionerna Ersatz-manskap i området kring Metz. Till sist, när nio nya divisioner blev tillgängliga, fördelade han en, samt en som hade dragits tillbaka från den ryska fronten, till högerflygeln, och de återstående åtta tilldelades vänsterflygeln. Den initiala grupperingen av de sju tyska arméerna fick då följande utseende:

1. *Första armén* (general von Kluck): högkvarter Grevenbroich; sju kårer, tre kavalleridivisioner och tre Landwehr-brigader. Med uppgift att marschera mot Aachen och sedan vidare mot Bryssel. Totalt: 320 000 man.

2. *Andra armén* (general von Bülow): högkvarter Montjoie; sex kårer, två kavalleridivisioner och två Landwehr-brigader. Med uppgift att inta Liège och sedan avancera med högra flygeln mot Wavre och med vänstra flygeln mot Namur. Totalt: 260 000 man.

3. *Tredje armén* (general von Hausen): högkvarter Prüm; fyra kårer och en Landwehr-brigad. Med uppgift att marschera västerut med högra flygeln mot Namur och vänstra mot Givet. Totalt: 180 000 man.

4. *Fjärde armén* (hertigen av Württemberg): högkvarter Trèves; fem kårer och en Landwehr-brigad. Med uppgift att marschera västerut med högra flygeln mot Framey och vänstra mot Attert, norr om Arlon. Totalt 180 000 man.

5. *Femte armén* (kronprisen): högkvarter Saarbrücken; fem kårer, en division, två kavalleridivisioner och fem Landwehr-brigader. Med uppgift att med vänsterflygeln gå mot Thionville och med högerflygeln mot Forenville. Totalt 200 000 man.

6. *Sjätte armén* (prins Ruprecht av Bayern): högkvarter Saint Avold; fem kårer, tre kavalleridivisioner och fyra Ersatz-divisioner. Med uppgift att rycka fram mot Moselle och angripa fransmännen och binda dem. Totalt 220 000 man.

7. *Sjunde armén* (general von Heeringen): högkvarter Strasbourg; tre kårer, en division, två Ersatz-divisioner och fyra Landwehr-brigader. Med uppgift att rycka fram mot Meurthe och gå till motanfall i Lorraine. Totalt 125 000 man.

Trots att Schlieffenplanen fortfarande kastade sin skugga ändrades den till sitt innehåll helt av förändringen i balansen av tyngderna i de två flyglarna mot Thionville–Metz. Här grupperades 59 divisioner reguljära trupper, reservister och Ersatz-manskap till den norra flygeln och nio divisioner reguljära soldater och reserver till den södra. På den andra återfanns 55 divisioner reguljära trupper och reservister på norra sidan och 23 divisioner reguljära trupper, reservister och Ersatz-manskap på den södra. I procent motsvarade Schlieffens plan 100:15 och Moltkes plan 100:42. Dessutom skulle proportionerna – eftersom Schlieffen hade för avsikt att lösgöra två kårer från vänstra till högra flygeln så fort som striderna hade inletts med de franska trupperna i Alsace–Lorraine – sjunka från 100:15 till 100:9 *för att den södra flygeln kanske skulle trängas bakåt.*

Nu har vi två offensiva flyglar att ta i beaktande, varav den södra i stället för att locka fienden österut så att den norra flygeln lättare skulle kunna svänga runt och falla honom i ryggen, fick till uppgift att tränga fienden åt väster – det vill säga bort från manövern i hans rygg. Detta var inte ett nytt Cannae, och inte heller Leuthen. Att kalla det någotdera skulle ha förmått Hannibal och Fredrik att vända sig i graven.

Medan den enorma tyska armén, som var stark till formen men fortfarande svag i strukturen, grupperade sig och medan general von Prittwitz långt borta i Ostpreussen med sin jämförelsevis lilla styrka gjorde sig beredd att hejda de ryska hordernas anlopp, härskade småaktigheten och osämjan i Paris. I maj hade general Messimy återigen blivit krigsminister och satt, berättas det ”ständigt i telefon och försökte få fram uppgifter eller gav meningslösa order och var inte det minsta medveten om hur viktig hans uppgift var”.[28] Den 31 juli: ”Ingenting diskuterades förutom ... ekonomiska åtgärder”.[29] Den 2 augusti kom mobiliseringsordern och den 3 augusti samlade Joffre sina armébefälhavare. Som vanligt var han hemlighetsfull och skisserade i ”grova drag den grupperingsplan” som han ”förmodligen skulle genomföra”. Det rörde sig om ”en kombination av två angrepp, ett i Lorraine och det andra norr om linjen Verdun–Toul”.[30] Den 4 augusti upprättade han sitt högkvarter i Vitry-le-François. Samtidigt stannade Moltke kvar i Berlin, varifrån han senare flyttade till Koblenz.

Den dagen som Joffre samlade sina armébefälhavare korsade täten från general von der Marwitz gardeskavallerikår den belgiska gränsen vid Gemmenich, och den 5 augusti begärde tyskarna att staden Liège skulle kapitulera. Tyskarnas begäran avslogs av general Leman. Dagen därpå misslyckades det tyska anfallet. General Ludendorff, andra arméns generalintendent, övertog sedan ansvaret för anfallet, och den 7 juli trängde hans män igenom fronten mellan befästningarna och tog sig in i staden. Den 12 augusti fördes några haubitsar om 42 mm fram. Befästningarna sköts sönder och samman och den 16 augusti var Liège i tyskarnas händer.

Under tiden hade ett detachement från Dubails första armé trängt in i Mülhausen, och den 7 augusti, när fem tyska kårer hade hunnit identifieras vid den belgiska fronten,[31] informerade Lanrezac Joffre om att tyskarna förmodligen hade för avsikt att operera längs Meuses västra strand. Svaret han fick var: ”Så mycket bättre.”[32] Joffre, som fortfarande var övertygad om att tyskarnas huvudstyrkor befann sig i området vid Thionville–Metz, beordrade den 8 augusti första och andra armén att anfalla.[33] Detta innebar att en tredjedel av hans totala styrkor skulle tränga in i Lorraine. Attacken drogs igång den 14 augusti och helt i enlighet med planen drog sig prins Ruprechts armé bakåt.

Samtidigt fortsatte Lanrezac att varna Joffre att den tyska huvudstyrkan befann sig i Belgien. Men han talade för döva öron fram till den 15 augusti; Joffre berättar för oss att ”för första gången började denna hypotes få fast form”.[34] Den 18 var han tillräckligt störd av situationen för att skapa en ny armé, Lorraines armé, under befäl av general Maunoury, för att skydda andra arméns flank från ”styrkor som kunde rycka fram från det förskansade lägret i Metz”.[35] Första arméns flank var redan skyddad genom Alsaces armé under general Pau, som hade organiserats den 9 augusti.

Även om Joffre inte insåg det var den första och andra armén illa ute, och deras situation hade blivit än mer kritisk om Ruprecht bara hade fortsatt att falla tillbaka. I stället manade hans ambitiöse stabschef överste von Dellmensingen – som var den sjätte arméns egentliga befälhavare – honom att förstärka fronten och han fick lov att använda sig av de sex Ersatz-divisionerna, och tillsammans med den sjunde armén, som redan hade ställts under hans befäl, gick han till motanfall den 20 augusti. Han trängde undan den första och andra franska armén ur fällan som de ovetande hade hamnat i, och tvingade dem att retirera tillbaka till Grand Couronné i Nancy och Meurthe. Den första spiken hade slagits in i kistan för Schlieffen–Moltke-planen och Moltke blev så nervös att han helt övergav planen att vänsterflygeln skulle användas som reserv åt högerflygeln och lämnade tanken på en dubbel omfattning därhän. Följden blev att från den 25 augusti till den 7 september stångade den sjätte och sjunde armén sig blodig i det defensiva område som Schlieffen hade varnat dem för att angripa.

Medan Ruprecht och Dellmensingen tömde den tyska krigsplanen på kraft, ”mördade” Joffre sina generaler. Eftersom angreppet hade misslyckats var man tvungen att hitta syndabockar för att blidka general Messimy. ”Ge mig giljotinen, och jag ska ge er segern!”[36] skrek han och den 24 augusti skrev Messimy till Joffre: ”Jag menar att, såsom 1793, finns det bara två bestraffningar att tillgripa: avsked eller döden. Om man vill vinna, måste man tillgripa de snabbaste, brutalaste, mest energiska och radikala metoderna."[37] Lyckligtvis för Frankrike avskedades Messimy den 27 augusti.

Två dagar innan Ruprecht iscensatte sitt angrepp började den första, andra och tredje tyska armén rycka fram genom Belgien och lejonparten av de belgiska trupperna retirerade mot Antwerpen. Sedan drevs den andra spiken in i Schlieffen–Moltke-planen, eftersom general von Kluck beordrades att lösgöra den 3. reservkåren för att skärma av Antwerpen, vilket innebar en styrkeförlust på ungefär 35 000 man. När man nådde fram till Namur kördes den tredje spiken in, eftersom andra armén på grund av sin försvagade numerär tvingades lösgöra gardets reservkår, och likaså tvingades den tredje armén att såväl lösgöra den XI. kåren som en division från den 7. reservkåren. Den 21 augusti fick andra armén kontakt med femte franska armén och Kluck, som nu lydde under Bülow, fick order om att rycka fram åt sydväst i stället för åt väster. Därigenom slogs den fjärde spiken in eftersom han, om han hade fortsatt längs ursprungsriktningen, skulle ha överflyglat den brittiska expeditionskåren och förmodligen ha krossat den i stället för att som nu ha ränt rakt in i den vid Mons.

Två dagar innan detta hände skådade plötsligt Joffre ljuset: "tyskarnas avsikt stod plötsligt helt klar för mig", sade han.[38] Men gjorde den verkligen det? Att döma av de åtgärder han vidtog verkar han bara ha haft en ytterst dimmig uppfattning om den enorma kraft som tyskarna nu lät utveckla i Belgien. I stället för att försöka krossa den avancerande tyska högerflygeln, kastade han in den tredje och fjärde armén i Ardennernas svårforcerade terräng för att klippa av tyskarnas försörjningslinjer, och beordrade den femte armén på vänstra sidan att i samarbete med den brittiska expeditionsstyrkan – vars sista enheter som bäst höll på att landsättas – hejda den framvällande vågen.

De initiala mål som gavs den franska tredje och fjärde armén var Arlon och Neufchâteau, vilket innebär att de huvudstupa drabbade samman med den tyska fjärde och femte armén. Följden blev slaget vid Ardennerna eller, som tyskarna kallar det, slaget vid Longwy och Neufchâteau, där den franska fjärde armén fick dra sig tillbaka efter svåra förluster, och den 24 augusti tvingades den tredje armén att retirera bakom Meuse. I likhet med offensiven i Lorraine var denna attack ett fullständigt misslyckande.

Under tiden ryckte den franska femte armén under Lanrezac framåt vid Sambre. Den 22 augusti träffade den på Bülows andra armé och angreps på högerflanken av Hausens tredje armé. Detta utvecklades till slaget vid Charleroi, som av tyskarna kallades för slaget vid Namur, i vilket Lanrezac tvingades bakåt, och sir John French drog sig tillbaka vid Mons. Där angreps hans isolerade styrka av Klucks första armé, och den 24 augusti tvingades han fortsätta reträtten. Denna dag kännetecknades den övergripande situationen av att hela den franska vänsterflygeln var på reträtt och den tyska vänsterflygeln stångade sig själv sönder och samman vid nedre delen av Mosel, från Toul till Nancy, och därifrån till Saint-Dié.

För att förstå vad som därefter utspann sig på västfronten är det först nödvändigt att kasta en blick på situationen längs östfronten.

Syftet med den ursprungliga ryska planen var att hålla tyskarna stången med den första armén, medan tredje, fjärde, femte och åttonde armén, tillsammans med den andra i reserv vid Warszawa, inledde en kraftfull offensiv mot österrikarna, och den nionde stod kvar i Petrograd för att avvärja en eventuell tysk invasion. Genast efter mobiliseringen förändrades denna plan för att hjälpa fransmännen; den andra armén flyttades till Ostpreussen för att samarbeta med den första, och den nionde ersatte den som reservenhet. Härigenom skapades två armégrupper, den nordvästra under general Jilinskij som bestod av den första armén under general Rennenkampf och den andra armén under general Samsonov och den sydvästra under general Ivanov, som inbegrep den tredje, fjärde, femte och åttonde armén. Överbefälhavare var storfursten Nikolaj.

Den första och andra armén grupperades i området vid Vilna respektive längs Narew; den första bestod av III., IV. och XX. kåren med understöd från fem kavalleridivisioner, och den andra av II., VI., XIII., XV. och XXIII. kåren och tre kavalleridivisioner.

Även om dessa två arméer – den första armén var 200 000 man stark och den andra 250 000 – till numerären var oerhört överlägsna den tyska åttonde armén, som då höll Ostpreussen, kunde de i kvalité och befäl inte mäta sig med den. Dessutom var det tyska järnvägssystemet i varje avseende av bättre kvalité än det ryska.

Även om förbättringar hade genomförts sedan det rysk-japanska kriget förblev ryssen vad han alltid hade varit, ett godhjärtat barn som inte förutsåg någonting och överraskades av allt. Generalerna var inkompetenta, och vad som gjorde situationen värre var att de törstade efter strid. Staben var groteskt ineffektiv, och dugligheten hos ledningen för den andra armén får man en fingervisning om av det faktum att den ”hade en kompass men inga kartor”. General Knox, brittisk militärattaché i denna armé, säger att vid ett tillfälle ”reste en excentrisk yngling tillsammans med mig. Han var son till en chokladtillverkare från Warszawa och ingår i den andra arméns stab helt enkelt för att han kan rita karikatyrer.”[39]

Den ursprungliga Schlieffenplanen hade utarbetats 1905 när Ryssland var svagt. Den utgick från formen på floden Weichsel [Wisła], som löper i ett stort ”S”. Mitt i detta ”S” ligger Warszawa med Gdańsk i den norra änden och Kraków i den södra och vid kurvorna på ”S:et” ligger fästningarna Toruń i norr och Sandomir i söder.

Med detta ramverk utarbetade Schlieffen sin plan. Då han förväntade sig att den ryska huvudtruppen skulle koncentreras mellan Warszawa och Sandomir, bestämde han sig för att mot dem ställa en svag front som vilade mellan två kraftfulla stridsgrupper: en österrikisk–ungersk armé i söder, som skulle röra sig mot Lublin, och en tysk armé i norr, som skulle söka sig mot Pułtusk. Eftersom han bedömde att ryssarna skulle behöva sex till sju veckor på sig för att genomföra sin gruppering, kom han fram till att han skulle kunna klara sig utan den norra armén fram tills att han hade krossat Frankrike, och sedan genom att snabbt överföra trupper från västfronten bygga upp sina ställningar i öst och därefter genomföra en äkta omfattning à la Cannae.

År 1913 hade denna situation förändrats eftersom ryssarna i stor utsträckning hade återhämtat sig från nederlagen 1904–1905. Dessutom hade de byggt ut och förbättrat sin järnväg i västra delen av landet. Därför utgick Moltke korrekt från att de skulle hinna mobilisera snabbare och bestämde sig för att han behövde en fullgången armé för att stoppa dem – nämligen den åttonde och lät överflytta följande enheter dit: I. kåren (general von François), XVII. kåren (general von Mackensen), XX. kåren (general von Scholtz), I. reservkåren (general Below), 3. reservdivisionen (general von Morgen), 1. kavalleridivisionen (general Brecht) och tre Landwehrbrigader såväl som alla fästningstrupper i Ostpreussen. Armén leddes av general von Prittwitz, som i händelse av att ryssarna ryckte fram med en överväldigande styrka hade instruerats att falla tillbaka till Weichsels vänstra strand.[40]

Så fort som kriget drog igång iscensatte general von Hötzendorf, chef för den österrikisk–ungerska generalstaben, en offensiv mot Lublin och

2. Slaget vid Tannenberg, 26–31 augusti 1914

drevs tillbaka mot Lviv. Under tiden grupperade von Prittwitz sina 160 000 man (Landsturm-förband oräknade) enligt följande:

1. Från Angerburg till Östersjön, längs floden Angerapp och söder om Pregel, höll han fronten med den I. reservkåren, den XVII. kåren och den I. kåren, och norr om Pregel, längs Deime, använde han sig av Königsbergs garnison.

2. Från Johannisburg till Toruń och vid Deutsch-Eylau fördelade han den XX. kåren. Målet var att skydda järnvägen som försåg hans armé med förnödenheter. Den XX. kåren understöddes av garnisonerna i Thoruń och Graudenz.

Medan general von Prittwitz höll denna front, väntade Rennenkampf i sann rysk anda inte på att hans trängreserver skulle hinna mobilisera utan gick över gränsen den 17 augusti. Han trängde undan de framskjutna tyska trupperna vid Stallupönen och besegrade den åttonde armén vid Gumbinnen. Sedan bröt hans underhåll samman och järnvägens breda spårvidd ersattes av smal.[41] Fyra dagar senare korsade Samsonov gränsen till Ostpreussen. Han intog Willenberg den 22 augusti och Ortelsburg och Neidenburg den 23. Hans framryckning var än mer kaotisk. En tysk beskrivning lyder:

> Hela armékåren ryckte fram från Białystok utan bröd eller havre, och var tvungen att tillgripa reservransonerna. Också innan man hann fram till Narew var marschdisciplinen dålig, och från den floden fram till den preussiska gränsen var de ryska kolonnerna tvungna att vada genom sand. Nerverna var i sådant olag att de trupperna sköt på vartenda flygplan de fick syn på, och ibland även på sina egna bilar. Ledningen kände inte till var fienden uppehöll sig. Kårbefälhavare gavs endast de mest närliggande målen för sina grannkårer. De fick exempelvis ingenting veta om vilken uppgift Rennenkampfs armé hade.[42]

Det fanns heller inget samarbete mellan enheterna i den andra armén eller mellan den armén och den första. Den II. kåren, som hade till uppgift att rycka fram mellan dessa två arméer, upprätthöll inte kontakt med någondera, och det har antytts att denna brist på solidaritet berodde på att Samsonov djupt ogillade Rennenkampf. Ett mer sannolikt skäl verkar vara det ryska kavalleriets inneboende ineffektivitet, och då i synnerhet bristande duglighet hos kosackerna, som var föga mer än stråtrövare.

Tillbakadrivandet av den åttonde armén vid Gumbinnen fick, trots att det egentligen inte var stort mer än en taktisk incident, de mest förbluffande resultat. För det första satte sig Rennenkampf – som nästan hade blivit besegrad – ner för att njuta av segern, och för att visa hur underlig den ryska mentaliteten kan vara citerar vi general Knox, som var ögonvittne till det hela: "B– frågade generalen om han ville gå till sängs, och fick som svar att det visserligen gick för sig, men att han inte skulle klä av sig. Han lade sig att sova och en timme senare väcktes han av Rennenkampf som stod bredvid hans säng, log och sade: 'Nu kan du ta av dig kläderna. Tyskarna retirerar.'"[43] Såsom Knox anmärker var detta ett ögonblick då det var av nöden att tillgripa varje uns av kraft för att upprätthålla kontakt med de retirerande tyskarna, och definitivt inte ett ögonblick lämpat för att ta av sig kläderna.

För det andra kastade Samsonov all försiktighet över bord eftersom han trodde att den åttonde armén befann sig på vild flykt. Han förlorade kontakt med Rennenkampf och trängde vidare mot Deutsch-Eylau för att skära av Prittwitz från hans bas. För det tredje greps Prittwitz av panik när han hörde talas om denna framryckning och beordrade reträtt till Weichsel. På uppmaning av general Grünert och general Hoffmann upphävde han denna order, vilket var tur för tyskarna, för den ryska andra armén stod närmare den floden än vad hans egen gjorde. Han bestämde sig sedan för att angripa Samsonovs vänstra flygel, och på kvällen den 20 augusti utfärdade han följande order: den XX. kåren skulle koncentrera sitt anfall mot Hohenstein, den I. kåren och den 3. reservdivisionen skulle förflyttas per järnväg till den XX. kårens högra flygel, garnisonen i Königsberg skulle hålla linjen Pregel–Deime, och den I. reservkåren och den XVII. kåren skulle falla tillbaka rakt västerut.

Underligt nog ledde tillbakadrivandet vid Gumbinnen tillsammans med Prittwitz nervositet till händelser som skulle förändra hela kampanjens förlopp, inte bara i öst utan också i väst.

När nyheten om vad som hade hänt vid Gumbinnen nådde Koblenz och därefter följdes av en kopia av Prittwitz order att retirera till Weichsel, vilket – även om det hade stöd i den överenskomna planen – enligt Ludendorff hade varit "liktydigt med undergång",[44] bestämde man sig för två förändringar. Den första var att skicka en ny befälhavare till åttonde armén och den andra var att förstärka den – vilket kommer att behandlas senare.

Ett telegram skickades till general Paul von Hindenburg, en gammal soldat född 1847 och veteran från krigen 1866 och 1870–1871, som njöt sitt otium i Hannover, och bad honom att överta Prittwitz befäl. Hans svar var: "Jag är beredd."[45] Samma dag (den 22 augusti) skickades ett brev till general Ludendorff som utsåg honom till Hindenburgs stabschef. Telegrammet nådde honom mellan Wavre och Namur, och när han fick det klev han in i sin bil och skyndade sig till Koblenz. Han anmälde sig hos Moltke, som ingående förklarade situationen på östfronten för honom, och därefter sändes på hans begäran följande instruktion till Prittwitz:

> Den I. reservkåren, den 17. armékåren och huvudreserven från Königsbergs garnison ska göra halt på stället. Den I. armékåren ska inte lastas av vid Gosslershausen, utan nära general von Scholtz ställningar öster om Deutsch-Eylau. Alla tillgängliga trupper från garnisonerna i Thorn, Kulm, Graudenz och Marienburg skulle sändas till Strassburg och Lautenberg … Härigenom kan en stark styrka skapas i sydvästra Ostpreussen, som kan företa en offensiv, medan den norra gruppen antingen fortsätter sin reträtt i sydvästlig riktning eller kan föras rakt söderut för att delta i operationen mot Narew-armén (andra ryska).[46]

Obekant för Ludendorff genomfördes redan i stort sett dessa truppförflyttningar på inrådan av general Grünert och general Hoffmann.

När dessa order väl hade utfärdats skyndade Ludendorff till Hannover, träffade Hindenburg och åkte tillsammans med honom till Marienburg, dit de anlände på eftermiddagen den 23 augusti. Där fick de höra att: "situationen hade förändrats och beslutet att retirera till andra sidan Weichsel hade upphävts".[47] De fick också höra att Rennenkampfs armé fortfarande förhöll sig passiv, att den 37. divisionen på den XX. kårens vänstra flygel hade utsatts för häftiga anfall och hade slagit till reträtt, att Samsonovs order att förfölja tyskarna som hade sänts i klartext hade snappats upp och, än viktigare, att Jilinskijs operationsplan hade påträffats hos en tillfångatagen rysk officer. "Där kunde vi läsa", skriver Hindenburg, "att Rennenkampfs armé skulle tränga fram vid Masuriska sjöarna på norra sidan och avancera mot linjen Insterburg–Angerburg. Rennenkampf skulle angripa de tyska styrkor man förmodade återfanns bakom Angerapp, medan Narew-armén skulle korsa linjen Lötzen–Ortelsburg för att falla oss i flanken."[48]

Under tiden rörde sig Samsonov långsamt västerut längs en front om närmare tio mil. Från vänster till höger såg hans gruppering ut på följande vis: I., XXIII., XV., XIII. och VI. kåren. Den II. kåren hade vid det här laget ersatts av I. kåren och överförts till första armén. Detta vidgade luckan mellan de två arméerna och denna utökades ytterligare av Samsonov, som för att förkorta sina försörjningslinjer dirigerade sin vänstra sida mot järnvägen Nowo Georgievsk–Mława–Soldau, som smet iväg åt höger bort från Rennenkampf.

Ludendorffs snabba öga hittade genast denna lucka och han bestämde sig för att utnyttja den till sin egen fördel. Han beslöt att lämna en tunn skärm av trupper för att förvirra Rennenkampf och att koncentrera alla andra enheter mot Samsonov. Han skriver:

> Under perioden från den 24 till den 26 antog gradvis krigsplanen tydligare form och vann allteftersom i skärpa. Den stora frågan var om det verkligen skulle vara möjligt att dra tillbaka den I. reservkåren och den 17. armékåren från deras ställningar mittemot Rennenkampf för att låta dem ansluta sig till andra enheter från den 8. armén för stöten mot Narew-armén. Det berodde helt på Rennenkampf själv, för om han förstod att rätt bruka sin framgång vid Gumbinnen och snabbt rycka fram skulle min plan vara otänkbar ...
>
> Vi upptäckte allteftersom att Rennenkampf avancerade ytterst långsamt. De två armékårerna kunde därför gradvis avledas ... i en tvär sydlig riktning mot Bischofsburg–Neidenburg.
>
> Därefter förflyttades den 17. armékåren i skydd av den 1. kavalleridivisionen och den I. reservkåren söderut via Schippenbeil till Bischofstein. Så snart som den hade passerat bakom den I. reservkåren och den 26 augusti avancerat från Bischofstein till Bischofsburg, flyttades den I. armékåren söderut från Schippenbeil i riktning mot Seeburg. Endast den I. kavalleridivisionen lämnades kvar för att möta Rennenkampf i närheten av och söder om Schippenbeil. I denna division fick – också den 26 augusti – den I. kavalleribrigaden order om att dra sig tillbaka via Rössel mot Sensburg. Från den 27 och framåt stod sålunda endast två kavalleribrigader mellan sjön Maur och floden Pregel mot Rennenkampfs tjugofyra mycket starka divisioner samt flera kavalleridivisioner ...
>
> Längs denna linje marscherade de två kårerna i Narew-armén från Neidenburg till Allenstein. Härigenom blottställde de sin bakre del

> utan att vara tillräckligt skyddade mot Rennenkampfs armé, som bara stod två eller tre dagars marsch bort. När slaget började på allvar den 27 augusti ... hängde Rennenkampfs formidabla styrka som ett hotfullt ovädersmoln i nordöst.[49]

Det var en ytterligt våghalsig plan som vilade på gott omdöme, vilket inte bara resulterade i krigets mest lysande kampanj, utan också i en av de taktiskt mest avgörande. Ludendorff skriver:

> En general har ett stort ansvar och behöver starka nerver. Civilisten är alltför benägen att tro att kriget handlar om att lösa ett matematiskt problem med på förhand kända siffror. Det är allting annat än det. På bägge sidor handlar det om att brottas med mäktiga, sammanvävda fysiska och psykologiska styrkor, en kamp som försvåras betydligt av numerär underlägsenhet. Det innebär att arbeta med män av varierande karaktärsstyrka som har sin egen uppfattning. Den enda egenskapen som är känd och konstant är ledarens vilja.[50]

Detta är sanna ord, och de bär den stora insikten att fältherretalang är den högsta formen av en kombination av vilja och tanke, och inte bara handlar om förmågan att rätt göra beräkningar.

Slaget som utkämpades den 26 augusti kan delas upp i två operationer. Medan halva den XX. kåren, understödd av general von der Goltz Landwehr, höll tillbaka Samsonovs huvudstyrka i mitten, *1.* angrep den I. kåren och de andra halvan av XX. kåren den ryska vänsterflygeln vid Usdau och trängde tillbaka den ryska I. kåren; *2.* från norr slog den I. reservkåren med den XVII. på vänstra sidan till mot den ryska VI. kåren och tvingade en av kårens divisioner att retirera till Bischofsburg. Flyglarna hade nu trängts undan inför omslutningen av Samsonovs mitt – den XIII., XV. och XXIII. kåren.

Medan dessa konvergerande rörelser utfördes betraktade Samsonov tillsammans med den XV. kåren framryckningen: ”Helt renons på uppgifter om andra trupper som stod under hans befäl.”[51] Han var orolig, berättar general Knox för oss, ”eftersom han ännu inte hade fått något brev från sin hustru”,[52] och när han fick höra talas om att hans I. kår hade blivit angripen, spände han fast värjan och gav sig iväg för att ta reda på vad som stod på.

Dagen därpå, medan Rennenkampf långsamt förflyttade sig mot Königsberg, fortsatte attacken. På Samsonovs vänstra sida började förvirringen gripa omkring sig allt tydligare: trupperna vid Neidenburg greps av panik, och i mitten var många av männen i den XIII. kåren övertygade om att de vid ankomsten till Allenstein i själva verket befann sig i Berlin.[53]

På den tyska vänsterflygeln ockuperade den kvällen den I. reservkåren Wartenburg, ungefär tretton mil nordöst om Allenstein. Den XVII. kåren till vänster närmade sig Bischofsburg, och den XX. kåren, i mitten, som var betydligt mer utmattad, gjorde halt, medan den I. kåren, som fortfarande befann sig i närheten av Usdau till höger om dem, gjorde sig beredd att rycka fram mot Neidenburg. Samsonovs mitt trängde långsamt fram mellan Allenstein och Gilgenburg.

Den 28 augusti lydde Ludendorffs dagorder: den I. kåren ska inta Neidenburg, den I. reservkåren och den XVII. kåren ska överge förföljandet av den ryska VI. kåren och förflytta sig i sydvästlig riktning mot Passenheim för att angripa den ryska XIII. kårens högerflygel, medan den XX. kåren ska återuppta offensiven och Goltz Landwehr ska storma Hohenstein. Ludendorffs tanke var att samtidigt som den tyska mitten gick till anfall låta de två flyglarna omfatta den ryska mitten genom att innesluta Willenberg.

Även om morgonen den 28 augusti inleddes i moll för de tyska trupperna intogs Hohenstein under eftermiddagen, och lite senare nådde den I. reservkåren fram till en ställning söder om Allenstein, medan den I. kåren höll den ryska mittens vänstra flygel stången norr om Neidenburg. Dagen därpå dök återigen den I. ryska kåren upp på slagfältet och förorsakade en kritisk situation på den tyska högerflygeln när den drog igång ett anfall mot den tyska I. kårens eftertrupp. Tyskarna drevs tillbaka medan den dubbla omfattningen genomfördes mot Samsonovs undergångsdömda center.

Slutet var nära. Den 30 augusti hade den ryska centern omringats och den 31 augusti, ”skördens dag”, som Hindenburg kallar den, skickade han följande meddelande till kejsaren:

> Jag ber att allra ödmjukast få framföra till Ers Majestät att säcken runt större delen av den ryska armén knöts samman i går. Den 13., 15. och 18. [XXIII.] armékåren har förintats. Vi har redan tagit över 60 000 fångar, bland dessa kårbefälhavarna för den 13. och 15. kåren. Kanonerna står fortfarande i skogarna och förs nu samman. Krigsbytet är enormt

> även om det ännu inte kan utvärderas i detalj. De kårer som återfinns utanför säcken, den I. och 6., har också haft svåra förluster och retirerar nu skyndsamt genom Mława och Myszaniec.[54]

Medan hymnen från slaget vid Leuthen steg från de tyska bivackerna utspridda i skogen, skyndade sig Samsonov tillsammans med fem stabsofficerare till fots genom mörkret mot den ryska fronten. Så småningom blev Samsonov utmattad och hamnade på efterkälken och till sist försvann han. Hans öde är okänt, men man tror att han sköt sig.[55]

Så slutade detta stora slag, som Ludendorff döpte till slaget vid Tannenberg efter en by som ligger norr om Usdua som en replik på segern som vanns där av polackerna och litauerna över Tyska orden 1410. Även om segern inte hade något avgörande inflytande på kriget, skulle krigsförloppet ha förändrats i grunden om tyskarna hade förlorat. Nu fick segern indirekt en djupgående inverkan på händelserna vid västfronten.

På denna front var kanske den mest ödesdigra dagen under kriget både för fransmännen och tyskarna den 25 augusti. Den dagen fattade den franske överbefälhavaren ett beslut, och hans tyska motsvarighet påtvingades ett beslut av en underordnad officer – överste Tappen, chef för den operativa avdelningen i Koblenz.

Tappen trodde att en stor och avgörande seger redan hade vunnits i väst,[56] och oroad över händelserna i Ostpreussen menade han att man genast borde skicka förstärkningar dit. Detta förslag passade in i Moltkes ursprungliga avsikt att dra tillbaka sex kårer från västfronten så snart som de kunde undvaras och att skicka dem till Ostpreussen. Två skulle tas från den vänstra flygeln, två från mitten och två från den högra flygeln. Uppmanad av Tappen att ögonblicket nu var moget, närmade sig Moltke Ruprecht och kronprinsen men bägge protesterade så kraftfullt mot tillbakadragandet att han bestämde sig för att ta endast en kår från den andra armén och en från den tredje. Sedan ringde Tappen till Ludendorff och upplyste honom om att tre (*sic!*) armékårer och en kavalleridivision hade fått order att förstärka den åttonde armén. Ludendorff svarade att han inte behövde dem. Tappen replikerade då "att trupperna kunde undvaras". Dagen därpå ringde han igen och förklarade att bara den XI. kåren och reservgardeskåren (som då bägge belägrade Namur) samt den 8 kavalleridivisionen kunde sändas, men "att den V. armékåren … behövdes i väst". Än en gång försäkrade general

Ludendorff honom om att ”kårerna skulle komma fram för sent för slaget som då utkämpades”, och att det därför inte fanns någon anledning att skicka dem till honom.[57]

Det verkar som om detta samtal aldrig återberättades för Moltke, och resultatet var att den andra armén beordrades att dra tillbaka reservgardeskåren och den tredje armén den XI. kåren och den 8. kavalleridivisionen. Det råder föga tvivel om att dessa arméer valdes ut eftersom deras befälhavare inte tillhörde den lojala högadeln, och trots att de redan hade bidragit med följande avdelningar: såväl den III. och IX. reservkåren till Antwerpen och den VII. till Maubeuge, som några mindre avdelningar för att bevaka Givet och Bryssel. Sammantaget hade nu högerflygeln reducerats från 34 till 25 divisioner, det vill säga att dessa arméer nu med förluster inräknade hade försvagats till en tredjedel av sin ursprungliga styrka.

Samtidigt med att Schlieffen–Moltke-planen utan fransmännens vetskap nu sköts i sank av tyskarna själva, hade det fullständiga sammanbrottet för såväl plan XVII som de franska arméernas på varandra följande nederlag skapat ren panikstämning i Paris. Men den 25 augusti, när det franska kabinettet kallades till möte, höll konseljpresidenten Viviani en lång redogörelse för den ekonomiska situationen och Doumergue lade ut texten om de italiensk-albanska relationerna. Mitt under denna enfaldiga debatt ställde Messimy sig ilsket upp och utbrast fullt befogat: ”*Åt helvete med Albanien.* Det enda som är viktigt är att tyskarna inom tio dagar kan dyka upp framför Paris.”[58] Därför bestämdes att man skulle skapa en armé med uppgift att skydda huvudstaden och vidare att general Michel, som Messimy avskydde, skulle ersättas av general Gallieni som guvernör för Paris. Två dagar senare avskedades Messimy och efterträddes av Millerand som krigsminister.

Vem det var som först kom på idén att skapa en försvarsstyrka för huvudstaden är svårt att avgöra. Gallieni säger att han kom med uppslaget vid tretiden på eftermiddagen den 25 augusti,[59] och Joffre säger att ordern var daterad vid sjutiden på morgonen samma dag.[60] Det är sannolikt att ordern utgick före kabinettsmötet, för det är inte vanligt att kabinett träffas så tidigt på morgonen. Ordern lydde: ”Om segern inte kröner våra framgångsrika arméers ansträngningar, och om våra arméer tvingas retirera, bör en armé om åtminstone *tre aktiva kårer* flyttas till befästa ställningar utanför Paris, för att säkra stadens skydd.”[61] Det verkar som om denna order mottags klockan 11.30.[62]

Under tiden tänkte Joffre enligt sina *Memoirs* i ungefär samma banor, för på kvällen den 25 augusti bestämde han sig för att skapa en ny armé ”utanför den brittiska och grupperad så att den kunde överflygla den tyska högern”. Den skulle bestå av ”den VII. armékåren och en division från Alsace, två divisioner från befästningarna utanför Paris och två divisioner som lösgjordes från armén i Lorraine”. Därefter berättar han för oss att han klockan 21.00 fick krigsministeriets order från klockan 07.00, och ”att det inte fanns något egentligt samband mellan idén att grunda en manöverberedd armé i området vid Amiens, vilket var min tanke, och att skicka tre aktiva kårer för att försvara befästningarna framför Paris, vilket var vad ministerns beslut gick ut på”.[63]

Oavsett hur det förhöll sig med den saken, utfärdade han den kvällen ”Instruction Générale No. 2” (ordern saknar tidsangivelse) som lyder:

> Eftersom det är omöjligt att genomföra den offensiva manöver som tidigare planerats, kommer framtida operationer att syfta till att på vår vänsterflank kraftsamla inför att senare återuppta offensiven. Denna gruppering kommer att bestå av fjärde och femte armén samt de brittiska arméerna, tillsammans med nya styrkor som hämtas från den östra fronten, medan de andra arméerna kommer att hejda fienden så länge som krävs.
>
> [...]
>
> En ny grupp, som består av enheter som transporteras per tåg (VII. kåren, fyra divisioner och kanske därtill ytterligare en reguljär kår) kommer att grupperas mellan den 27 augusti och den 2 september framför Amiens, mellan Domart-en-Ponthieu och Corbie, eller bakom Somme mellan Picquigny och Villers-Bretonneux. Denna grupp kommer att vara beredd att återuppta offensiven i riktning mot Saint Pol–Arras eller Arras–Bapaume.[64]

Denna armé, som i dag går under namnet sjätte armén, skapades dagen därpå och ställdes under befäl av general Maunoury.[65]

Den dag denna armé skapades angrep Kluck den brittiska armén vid Le Cateau, vräkte den över ända men misslyckades med att fullfölja angreppet. Joffre insåg då att om sir John Frenchs två kårer förintades skulle den sjätte arméns planerade manöver omöjliggöras, så han beordrade Lanrezacs femte armé, som den 27 augusti befann sig ett kort stycke söder om floden Oise, att lätta på trycket mot engelsmännen genom att dra igång ett motanfall. Under tiden utfärdade Moltke, som fortfarande låg overksam och oseende i Koblenz – 32 mil från händelsernas centrum – följande dagorder den 28 augusti:

Den franska armén slåss för att vinna tid för att underlätta de ryska arméernas offensiv. ”Målet för den tyska armén måste därför vara att rycka fram så snabbt som möjligt mot Paris och att inte ge den franska armén tid att återhämta sig, att förhindra att fransmännen ges möjlighet att gruppera om och beröva dem så många försvarsmöjligheter som möjligt.”

Den första armén ska avancera mot nedre delen av Seine längs västra delen av Oise.

Den andra armén ska rycka fram mot Paris.

Den tredje armén ska marschera mot Château-Thierry.

Den fjärde armén ska marschera mot Épernay.

Den femte armén ska marschera mot Verdun och innesluta fästningsverken.

Den sjätte och sjunde armén ska förhindra fienden att rycka in i Elsass–Lothringen.

”Om fienden bjuder hårt motstånd vid Aisne och senare vid Marne, kan det bli nödvändigt att överge den sydvästliga framryckningsvägen och i stället svänga runt söderut.”[66]

Härigenom höll man sig fortfarande till Schlieffen–Moltke-planen men den hade handikappats av tvivel.

När Kluck samtidigt fick reda på att den franska vänstra fronten retirerade ”åt söder och sydväst”, drog han slutsatsen att det var av avgörande betydelse att ”hitta denna styrkas flygel” och driva bort den från Paris. Han föreslog för Bülow att den andra och första armén borde ”snurra inåt” och han hade just slutfört denna manöver när Moltkes direktiv av den 27 augusti dök upp, varav framgick att ett sådant drag inte uteslöts.[67] Emellertid gjordes inga förändringar och när den första armén den 29 augusti fick känning med general d'Amades avdelning hemvärnstrupper på högerflanken, och samtidigt fick höra om tågtransporter av trupper till Amiens och Moreuil, utkämpades slaget vid Guise–Saint Quentin mellan Bülow och Lanrezac. Slaget nådde aldrig något avgörande: fransmännen retirerade och tyskarna undvek att förfölja. Under tiden fortsatte den brittiska armén att dra sig tillbaka. Joffre sammanstrålade med sir John French men resultatet blev magert,[68] för general Berthelot, Joffres stabschef, ”förmådde inte ... ens i detta ögonblick tillgodogöra sig omfattningen av det tyska hotet mot” den franska ”vänstra flygeln”.[69]

Inte heller Kluck förmådde tillgodogöra sig det hot som den franska armén vid Amiens utgjorde mot hans högerflygel. Han var så övertygad om segern att det verkar som om han inte ens rapporterade att den franska armén fanns där, och han återvände till sin idé om en rullning inåt. Klockan 9.30 den 30 augusti förberedde han sig för att genomföra operationen, och klockan 17.55 fick han radiotelegrafisk underrättelse från Bülow att denne hade besegrat fransmännen, som befann sig på flykt och att den andra armén skulle vila ut den 31 augusti.

Klockan 18.30 kom ännu ett meddelande från Bülow, där han utbad sig samarbete från den första armén. ”För att vinna full fördel av segern”, lydde texten, ”är en rörelse inåt med centrum vid Chauny mot linjen La Fère–Laon av nöden.” Eftersom detta sammanföll med Klucks egna idéer villfor han genast Bülows begäran och meddelade generalstaben: ”Den första armén har svängt runt mot Oise och kommer att rycka fram den 31 augusti vid Compiègne och Noyon för att utnyttja den andra arméns framgång.”[70]

Moltke, som nu hade upprättat högkvarter i Luxemburg, instämde i detta. Hans budskap lyder: ”Den tredje armén har rört sig mot Aisne ... och kommer att fortsätta i sydlig riktning. De förflyttningar som har genomförts av första och andra armén bekräftar generalstabens avsikt.”[71] Såsom Bülow påpekar: ”Denna order var av största vikt. Av allt att döma bortsåg den helt från att sedan den 29 augusti hade fientliga trupper transporterats per tåg till Amiens, Moreuil, Montdidier och Roye, och att betydande styrkor redan hade angripit första arméns högerflygel vid Villers-Bretonneux öster om Amiens.”[72]

Därför ligger misstaget hos Kluck, som aldrig rapporterade detta anfall, och också hos Moltke, som eftersom han befann sig 24 mil bort från händelsernas centrum lika väl kunde ha varit i Berlin.

Medan denna omfattande förändring, som innebar slutet för Schlieffen–Moltke-planen både till skenet och verkligheten, genomfördes blev samtidigt i London lord Kitchener, som hade utsetts till krigsminister den 6 augusti, förskräckt när han fick höra av sir John French att denne avsåg att dra sig tillbaka sydväst om Paris – vilket var liktydigt med att dra sig ur fälttåget. En telegrafisk strid följde som slutade med att Kitchener skyndsamt reste över till Frankrike. Den 31 augusti fick så ett brittiskt flygplan syn på tyskarnas riktningsändring, och de nya positionerna bekräftades av en uppsnappad order. Joffre informerades omgående om denna ödesdigra nyhet.

Det var dagen därpå, den 1 september, som den snabbt annalkande serie slag vilka gått till historien under namnet slaget vid Marne inleddes. Även om det är sant att om den sjätte armén inte hade skapats skulle slaget inte ha kunnat utkämpas, är det lika sant att om Kluck inte hade svängt österut, skulle fyra av dess divisioner – två från den VII. kåren och den 55. och 56. divisionen – förmodligen med lätthet ha vräkts över ända.

Samma dag bad Joffre krigsministern att ställa huvudstaden under hans direkta befäl. Sedan beordrade han Maunoury att dra sig tillbaka till Paris, flyttade sitt högkvarter till Bar-sur-Aube och utfärdade ”Instruction Générale No. 4”, i vilken han sade: ”Så snart som den femte armén har undkommit hotet om att omslutas på vänster sida, kommer den tredje, fjärde och femte armén att återuppta offensiven … Om omständigheterna så tillåter kommer delar av första och andra armén att återkallas sinom tid för att delta i offensiven. Slutligen kommer de mobila trupperna från befästningarna i Paris att delta i framryckningen.”[73]

Även om denna order var vag innebar den en tydlig fingervisning om en motattack från Paris, och anledningen till att ordern var så obestämt formulerad kan ha varit att Joffre inte visste var han hade britterna, för sir John French befann sig fortfarande i full reträtt. Under tiden var det på den tyska sidan visserligen känt att fransmännen skyndsamt förde fram trupper till Paris,[74] men Bülow blev tillsagd av Moltke att förflytta sin vänstra flygel för att understödja den tredje armén.[75] Detta gjorde att han kom längre bort från den första armén.

Dagen därpå, den 2 september, fortsatte britterna sin reträtt, och Kluck slutade förfölja dem och flyttade den III. och IX. kåren till Château-Thierry för att hjälpa Bülow.[76] Han hade just hunnit genomföra denna förflyttning när han fick följande order från Moltke: ”Avsikten är att driva bort fransmännen i sydvästlig riktning från Paris. Den första armén kommer att följa efter i echelonggruppering bakom den andra armén och kommer att ansvara för arméernas flankskydd.”[77] Kluck kommenterar i sin bok: ”Överbefälhavaren tycktes emellertid fast besluten att Paris garnison inte behövde tas i beaktande vad gällde några operationer utanför huvudstadens linjer med fort",[78] och i stället för att göra halt och ikläda sig sin nya roll som flygelskydd – befann han sig redan en dagsmarsch framför den andra armén. Han åsidosatte Moltkes order och trängde vidare mot Château-Thierry – det vill säga bort från Paris.

Medan general Maunoury samtidigt föll tillbaka mot Paris utfärdade Joffre en hemlig not till sina armébefälhavare där han beordrade dem att dra sig tillbaka till linjen Pont-sur-Yonne–Méry-sur-Seine–Arcis-sur-Aube–Brienne-le-Château–Joinville, och sedan:

> Att förstärka armén på höger hand med två kårer som lösgörs från arméerna vid Nancy och Épinal.
>
> Att i det ögonblicket återta offensiven längs hela fronten.
>
> Skydda vår vänsterflygel med allt tillgängligt kavalleri mellan Montereau och Melun.
>
> Be brittiska armén att delta i manövern
>
> 1. – genom att hålla Seine från Melun till Juvisy,
>
> 2. – genom att rycka fram från den fronten när den femte armén åter går till offensiv.
>
> Samtidigt ska Paris garnison tränga fram i riktning mot Meaux.[79]

Den uppseendeväckande poängen i den här ordern är att tillbakadragandet till Joinville innebar att man skulle överge Verdun, det nav runt vilket hela den vänstra delen av den franska armén hade svängt. Hade denna fästning övergivits skulle Joffres front ha delats itu, och det hade inte hjälpt med ett utbrytningsförsök från Paris. Lyckligtvis för Joffre lät general Sarrail, som den 30 augusti hade ersatt Ruffrey, lämna denna order utan avseende och i stället för att dra tillbaka sin högra flygel bet han sig fast vid Verdun och lät i stället sin vänsterflank falla tillbaka drygt två mil tills den stod vänd rakt västerut. Detta medförde en lucka mellan hans armé och den fjärde armén. Därefter trängde kronprinsens styrkor rakt in i denna lucka och kunde angripas i sidan.

Av den hemliga noten från den 2 september framgår tydligt att Joffre famlade i ovisshet. Men samtidigt som Moltke satt i klosterlik avskildhet i Luxemburg, valde Joffre hur som helst att agera. Till sist gjorde han någonting, och tack vare Sarrail fick insatserna avgörande betydelse, och dessutom började dimman som omgav honom långsamt att skingras. Var det inte så att så länge som hans högra flank höll stånd och bet sig fast vid Verdun och hans center inte gav vika, att han skulle kunna låta sin vänstra flank svänga runt och gå till anfall?

Som en följd av detta började han rikta uppmärksamheten mot denna flygel. Två saker hände därefter: för det första ersatte han general Lanrezac med Franchet d'Espèrey – förmodligen den dugligaste av de franska generalerna – och för det andra började han uppmärksamma Gallieni. Även om det verkar underligt hade Joffre dittills lämnat denne i ovisshet om sina avsikter, och av något oförklarat skäl hade Gallieni fått hans Instruction Générale No. 4 först denna dag.[80] Han begrundade då genast problemet med att låta Maunourys armé rycka fram vid Meaux.[81] Fram mot tolvtiden fick han för första gången höra talas om Klucks riktningsändring österut,[82] och han bad om instruktioner gällande Maunoury och föreslog att denne skulle förflyttas norr om Marne mot floden Ourcq. Joffre svarade att en del av hans reguljära trupper "när som helst kan flyttas åt nordöst för att hota tyskarnas högra flank" och uppmuntra britterna.[83] Sedan tätnade tvivlets moln igen och Joffre skrev till Millerand: "Som en av de allierade är det vår plikt att hålla ut, vinna tid och binda så stora tyska truppenheter som möjligt ... Mitt beslut är därför att vänta flera dagar innan vi drar igång anfallet ... låter våra trupper vila och förbereder en eventuell offensiv tillsammans med den brittiska armén och Paris mobila garnison."[84]

Detta innebar en utnötningsstrid följd av en eventuell attack vid något osäkert datum i framtiden. Under tiden fortsatte general von Kluck på den inslagna vägen. Hans dagorder för den 4 september lyder: "Den första armén ska fortsätta framryckningen mot Marne i morgon, för att tvinga fransmännen österut. Om britterna bjuder något motstånd ska de drivas bort."[85] Samtidigt var Bülow övertygad om att den franska femte armén var stadd i oordnad flykt.[86]

Trots dessa lovande utsikter började nervositeten dagen därpå ge sig till känna i Luxemburg. Det bestämdes att man skulle flytta den sjunde arméns högkvarter och två kårer från vänstra flanken till den högra.[87] Under tiden fortsatte Kluck sin framryckning och sådana skärmytslingar som hans IV. kår – på högerflanken – utkämpade med Maunourys patruller föranledde honom att tro att fienden saknade större truppkoncentrationer på djupet.

På den allierade sidan var Joffre övertygad att slaget låg flera dagar fram i tiden och inte alls skulle bryta ut när som helst, och den kaotiska situationen förvärrades av en rad förvirrade konferenser. Joffre, som fortfarande förespråkade defensiva insatser, skapade en ny armé, den nionde, under general Foch, och lät denna gruppera sig mellan den fjärde och femte armén. Därefter började han återigen planera för offensiven och klockan 12.45 telegraferade han till sir John French och frågade honom om hans armé var beredd "att delta i slaget i morgon".[88] Samtidigt skickade han ett identiskt meddelande till Franchet d'Espèrey.[89]

När Gallieni och Maunoury fick höra av Joffre att de skulle söka kontakt med sir John French infann de sig i hans högkvarter vid Melun klockan 15.00, men då han inte var där kom de överens med sir Archibald Murray, Frenchs stabschef, att medan den sjätte armén skulle avancera den 5 september mot Meaux, skulle den brittiska armén falla tillbaka för att lämna utrymme för framryckningen och den 6 eller 7 september "svänga runt med högerflygeln ... med fronten mot öster och låta den vänstra flygeln förena sig med den sjätte armén." Sedan skulle bägge enheterna angripa den tyska första arméns högerflygel samtidigt som den franska femte armén höll tyskarna stången.[90]

När sir John French återvände till högkvarteret godkände han planen, men lite senare dök general sir Henry Wilson, hans vice stabschef, upp med en helt annan plan. Vad hade hänt?

Franchet d'Espèrey, som ville träffa sir John French, begav sig till Bray-sur-Seine. Där strålade han 15.00 samman med Wilson – sir John French var ute på fältet. Han förklarade för Wilson att den tyska första armén "dabbat sig" och att dess försörjningslinjer låg oskyddade och vidare att den saknade kontakt med andra armén. Sedan föreslog han:

1. Den 5 september skulle den femte armén besätta linjen Sézanne–Provins och göra sig beredd att angripa fronten Sézanne–Courtacon.

2. Den sjätte armén borde rycka fram mot Ourcq och angripa den tyska första armén i flanken och ryggen.

3. Den brittiska armén borde söka samarbeta genom att täppa igen luckan mellan den femte och sjätte armén med sin center riktad mot Montmirail och högerflygeln skyddad av Conneaus kavalleri.

Dessa förslag lät han genast telegrafera till Joffre, och Wilson tog med sig dem till sir John French, som vid det här laget var tämligen förvirrad och valde att inte göra någonting. När detta telegram nådde Joffre blev han uppringd av Gallieni, som berättade för honom att han var beredd att sätta sig i rörelse, men att det var av nöden att han fick britternas hjälp. En halvtimme senare – 22.00 – utfärdade Joffre sin Instruction Générale No. 6, enligt vilken en attack skulle iscensättas mot Klucks blottställda högerflygel den 6 september. Huvudpunkterna var:

1. Den sjätte armén skulle korsa Ourcq och röra sig mot Château-Thierry.

2. Den brittiska armén skulle längs fronten Changis–Coulommiers vara beredda att österut anfalla mot Montmirail.

3. Den femte armén skulle längs fronten Courtacon–Esterney–Sézanne vara beredd att anfalla från söder till norr.

4. Den nionde armén skulle skydda femte arméns högra flygel och bita sig fast vid utkanten av träsken vid Saint-Gond.

5. Den fjärde armén skulle hålla sina ställningar och upprätthålla kontakten med den tredje armén.

6. Den tredje armén skulle, samtidigt som den lät sin högerflygel stå kvar, rycka fram med mitten och vänsterflygeln och angripa fiendens vänstra flygel i rikting västerut mot Argonne.[91]

Underligt nog var detta i grund och botten en Cannae-plan. Medan den franska mitten – den femte, fjärde och nionde franska armén – band den andra, tredje och fjärde tyska armén i en stor ficka, skulle de två franska flyglarna – den franska sjätte och den brittiska armén på vänstra sidan och den tredje franska armén på den högra – röra sig i riktning mot Reims, den ena österut mot tyskarnas första armé och den andra västerut mot tyskarnas femte armé.

Den här kvällen beordrade Gallieni Maunoury att vara beredd att gå till anfall genast när sir John French bestämde sig för att samarbeta.[92]

Medan alla i det franska högkvarteret var fullt sysselsatta med dessa planer började Moltke, som dittills strikt hade hållit sig till sin farbrors icke-inblandningsteori, betvivla dess visdom allteftersom rapport efter rapport mottogs om franska truppförflyttningar medelst järnväg mot Paris. Till sist blev Moltke riktigt bekymrad över situationen för sin högerflygel och 19.00 den 4 september beordrade han Tappen att telegrafera följande meddelande: ”Den första och andra armén ska även fortsättningsvis stå vända mot Paris östra front: den första armén, mellan Oise och Marne, ska inta övergången över Marne väster om Château-Thierry; den andra armén, mellan Marne och Seine, ska inta alla övergångar över Seine mellan Nogent och Méry.”[93]

Denna order mottogs av den första armén 07.15 den 5 september. Klockan 11.00 gick general von Gronau, som hade befäl över IV. reservkåren, som fungerade som flankskydd för första armén, och som var misstänksam mot fientliga koncentrationer väster om sig, till angrepp mot höjderna vid Monthyon. Anfallet överraskade den franska sjätte arméns förtrupper – som ryckt fram samma morgon – och de drevs tillbaka. Detta blev inledningen till slaget vid Marne. Vad gällde fransmännen bröt slaget ut för tidigt, eftersom de allierade trupperna ännu inte var beredda.

En utdragen strid följde, och när Gronau insåg att hans trupper var underlägsna, drog han sig tillbaka ungefär en mil, men förföljdes inte. När Kluck hörde talas om denna skärmytsling lät han genast sin II. kår (general von Linsingen) svänga runt och skynda till Gronaus stöd.

Strax innan detta beslut fattades hade överstelöjtnant Hentsch, en av Moltkes stabsofficerare, anlänt till Klucks högkvarter. Kluck trodde då att arméerna på hans vänstra sida ryckte fram framgångsrikt och han blev förbluffad när han fick höra att den femte, sjätte och sjunde armén hade hejdats. Eftersom fransmännen förflyttade trupper via järnväg från områdena öster om Paris[94] skulle det kanske bli nödvändigt att flytta den tyska linjen bakåt över hela fältet.

Under tiden hade Joffre blivit så orolig över vad sir John French avsåg att göra att han klockan två på eftermiddagen avlade ett besök hos honom i Melun och förklarade hur viktigt det var att britterna samarbetade. Han avslutade med att utbrista: ”Det är Frankrike som bönfaller er.” Sir John French försökte svara på franska, men orden ville inte infinna sig och han vände sig till en engelsk officer och sade: ”Jag hittar inte orden. Men säg åt honom att vi ska göra allt som överhuvudtaget står i vår makt.”[95] Nu hade samarbetet äntligen kommit till stånd, och Joffre utfärdade följande proklamation till sina trupper: ”Vi står inför ett slag som avgör vårt lands öde och det är viktigt att påpeka för alla oavsett grad att vi inte längre kan se oss om – alla våra ansträngningar måste inriktas på offensiven och driva fienden bakåt. Trupper som inte förmår tränga längre fram, måste till varje pris hålla det område de erövrat och dö på stället hellre än ge tappt. Under de omständigheter vi befinner oss i kan ingen svaghet tolereras.”[96]

Slaget vid Marne – som inleddes den 5 september genom Gronaus överrumplingsanfall mot general Maunourys förtrupper – skulle pågå i sju dagar längs hela västfronten från Verdun till Senlis, och bestod av så många drabbningar att vi här kommer att begränsa oss till dem som utkämpades på den viktiga tyska högra flygeln. Dessa drabbningar kan delas upp i slagen vid Ourcq, det första och andra slaget vid Morin samt ”slaget” vid Gap.

Vad gäller slaget vid Ourcq fortsattes anfallet den 5 september dagen därpå av von Linsingen, som dök upp vid Trilport klockan fem på morgonen. Trots att hans kår hade avverkat en lång marsch lät han sex timmar senare sätta in den i ett anfall, som snart spred sig norrut längs den franska sjätte arméns hela front.[97]

Trots de hårda striderna var von Kluck än så länge inte på långa vägar övertygad om situationens allvar. Inte desto mindre skickade han efter en ivrig begäran från von Linsingen fram general von Arnims IV. kår, som kom fram tidigt den 7 september. Men under dagen blev situationen så vansklig att Kluck övertalades att beordra tillbaka sina två återstående kårer – den III. och den IX.[98] Detta beslut, såsom kommer att framgå av det följande, ledde till det mest ödesdigra resultat, eftersom dessa två kårer i det ögonblick de kallades tillbaka var inblandade i strider med den femte armén för att säkra den andra arméns högra flank, och när de drogs tillbaka lämnades inte bara denna flygel oskyddad utan dessutom vidgades den redan stora luckan mellan den andra och första armén. Dessutom, såsom Bülow poängterar, höjdes moralen hos Franchet d'Espèreys män när de såg tyskarna dra sig tillbaka.[99]

Klucks beslut att dra tillbaka den III. och IX. kåren togs utan att vare sig Bülow eller Moltke rådfrågades, inte bara för att han inte längre stod under Bülows kontroll utan också för att Moltke hade förlorat all makt att ingripa. Från den 5 till den 8 september sände överbefälhavaren inte en enda order vare sig till första eller andra armén.[100]

Denna dag var också Maunourys ställning oerhört utsatt och Gallieni lät rekvirera ungefär 1 200 taxibilar från Paris för att snabbt få fram förstärkningar till honom.[101] Den 8 september försökte Maunoury överflygla fiendens högra flank, men utan framgång, och när den III. och IX. kåren infann sig planerade Kluck att gå till anfall mot fransmännens vänsterflygel dagen därpå. Han kände sig övertygad om en snabb seger, men ödet ville annorlunda, och vid en annan del av den 48 mil långa fronten.

När slaget vid Ourcq inleddes och general von Klucks III. kår (general von Lochow) och IX. kåren (general von Quast) som bäst höll på att grup-

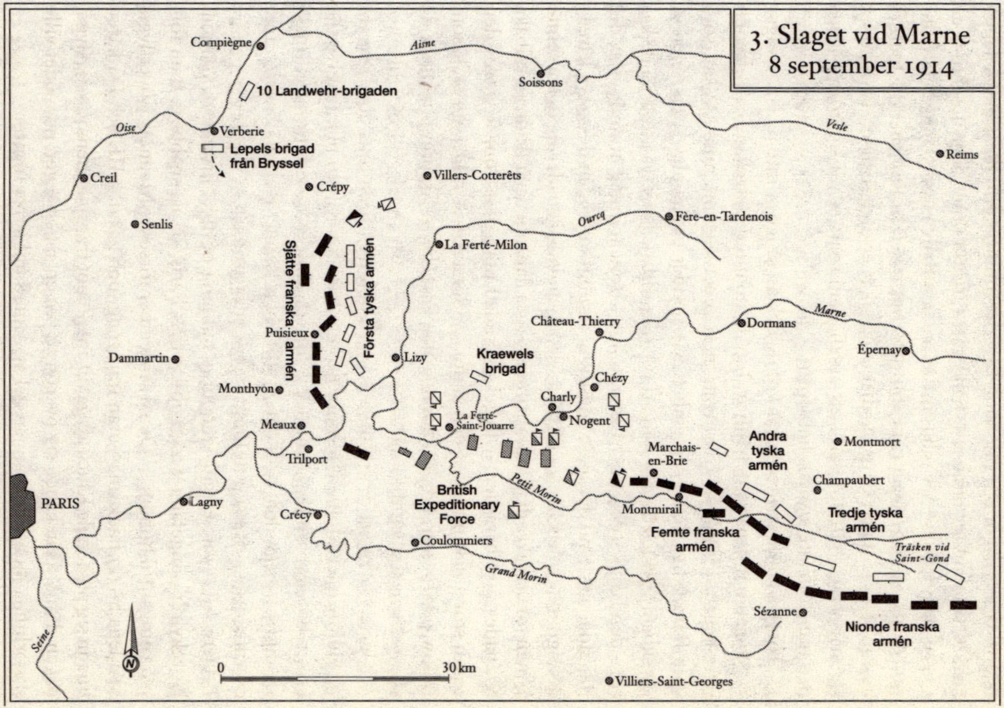
3. Slaget vid Marne
8 september 1914
Compiègne
Aisne
Soissons
10 Landwehr-brigaden
Oise
Verberie
Lepels brigad
från Bryssel
Vesle
Reims
Creil
Villers-Cotterêts
Crépy
Senlis
Ourcq
Fère-en-Tardenois
La Ferté-Milon
Sjätte franska armén
Första tyska armén
Château-Thierry
Marne
Dormans
Puisieux
Épernay
Dammartin
Lizy
Kraewels
brigad
Chézy
Monthyon
Charly
Nogent
La Ferté-
Saint-Jouarre
Meaux
Trilport
Marchais-
en-Brie
Andra
tyska
armén
Montmort
Champaubert
PARIS
Lagny
British
Expeditionary
Force
Petit Morin
Montmirail
Tredje tyska
armén
Crécy
Coulommiers
Femte franska
armén
Träsken vid
Saint-Gond
Grand Morin
Sézanne
Nionde franska
armén
Seine
0
30 km
Villiers-Saint-Georges

pera sig enligt Moltkes order att skydda den andra arméns högerflygel, utsattes de plötsligt för ett häftigt och oväntat bombardemang. Utan att någon visste något om det hade segerlyckan svängt. Den franska femte armén, som ansågs besegrad, hade gått till anfall mot dem. Lochow och Quast skyndade framåt med sina kårer och snart rasade längs hela fronten ett slag mellan dessa två kårer och tre kårer från Franchet d'Espèreys vänsterflygel – den XVIII., den III. och den I. –, medan den X. kåren slogs till höger om dem. Fransmännen trängde fram halvannan kilometer den dagen, men vid skymningen hejdades de och fick order att gräva ner sig. Dagen därpå fortsatte anfallet i riktning mot Montmirail.

Trots att Bülow hade hållit sina ställningar var situationen tillräckligt allvarlig för att motivera ett tillbakadragande bakom Petit Morin: detta genomförde han under natten mellan den 7 och 8 september, vilket innebar slutet på Moltkes order från den 4 september. Därför dröjde det fram till den 8 september innan fransmännen återigen fick kontakt, och vid det laget var den III. och IX. kåren på väg till Ourcq som svar på Klucks nödrop. Under dagen avvärjdes flera franska frontalangrepp, och på kvällen den 8–9 september erövrade general de Maud'huy, befälhavare för den XVIII. kåren, Marchais-en-Brie, väster om Montmirail. Som Tyng påpekar var detta en oerhört viktig framgång eftersom den gjorde det omöjligt att försvara Montmirail, och eftersom den staden nu helt dominerades från väster "beordrade Bülow sin VII. och X. reservkår att falla tillbaka till linjen Margny–Le-Thoult, en ställning som löpte från norr till söder. Det var en reträtt om tio kilometer mot öster, vilket innebar att den tyska andra armén nu stod vänd mot väster i stäler för mot söder och att det var helt omöjligt att sluta luckan mellan Bülow och Kluck".[102]

För tyskarna låg den bästa återstående segerchansen i att bryta igenom fronten vid Fochs nionde armé, som löpte från Villeneuve till Sommesous längs träsken vid Saint-Gond, och tvinga den femte armén att svänga runt med högerflygeln och sedan retirera. Den 6 september hade general von Hausen låtit sin tredje armé gå till anfall mot Foch, och den 8 september klockan tre på natten överrumplade han Fochs högerflygel, tvingade den bakåt och erövrade Fère Champenoise, men lyckades inte tränga igenom de fientliga linjerna. Även om det påstods att Foch lät meddela Joffre att han var: "Hårt pressad till höger. Mitten ger vika. Omöjligt att manövrera. Utmärkt situation. Jag går till anfall", är detta inte sant. Det är emellertid sant att han beordrade anfall och motanfall i snabb följd, men utan att det bådade något till, för hans soldater var så hårt ansatta att de redan hade fullt upp att alls hålla ställningarna.

Medan Maunoury tvingade Kluck att dra tillbaka hela sin armé till Ourcq, och Franchet d'Espèrey pressade Bülow att retirera åt nordöst, smög sir John French och hans tre kårer[103] in i luckan mellan Kluck och Bülow och skapade därigenom, genom att utnyttja en position som skapats åt honom, vad som kom att kallas "miraklet vid Marne" eller, som Pierrefeu beskriver det: "Hur sir John French räddade situationen utan att förstå den."[104]

På morgonen den 6 september hade French ryckt fram mot vad som var mer eller mindre ett vakuum, eftersom Kluck föregående kväll hade dragit tillbaka sin II. kår, som tidigt den 6 följdes av hans IV. Det enda som återstod längs fronten framför den brittiska armén var två divisioner av general von der Marwitz kavallerikår och några bataljoner jägare och cyklister. French kände sig långsamt för medan han ryckte fram med den III. kåren (Pulteney) på sin vänstra flygel, den II. kåren (Smith-Dorrien) i mitten och den I. kåren (Haig) på den högra flygeln. När Bülow dagen därpå föll bakåt och den III. och IX. kåren från den tyska första armén beordrades norrut, korsade den II. och III. brittiska kåren Grand Morin medan den I. kåren försenades vid Rozoy. Sällan i krigets historia har farten varit av större betydelse men inte desto mindre gjorde sir John French, trots att han var kavalleriofficer, föga eller inget för att skynda på sina trupper. Den 8 september korsade man Petit Morin efter svagt motstånd och framryckningen fortsatte mot Marne. På tre dagar hade den brittiska armén trängt fram fyra mil, och eftersom britterna nu befann sig vid öppningen till luckan mellan första och andra tyska armén var allt de behövde göra att ta några steg framåt och skilja huvudet på den invaderande styrkan från kroppen.

Joffre såg detta, och den kvällen klockan 20.07 beordrade han sin sjätte armé att binda tyskarna vid Ourcq, medan britterna korsade Marne mellan Nogent-l'Artaud och La Ferté-sous-Jouarre och ryckte fram mot Klucks vänstra flygel och eftertrupp. Dessutom gav han den femte armén order att skydda britternas högra flygel.

Vad gjorde då Moltke under den här perioden i sitt högkvarter i Luxemburg? De få uppgifter som sipprat fram till honom gav upphov till djup oro och han lät skicka efter överstelöjtnant Hentsch och beordrade honom att besöka de fem arméerna på högerflygeln för att skaffa sig en bild av situationen. I det ögonblicket kunde varken han eller hans stab ens drömma om att trupperna skulle tvingas slå till allmän reträtt;[105] inte desto mindre var situationen tillräckligt allvarlig för att Hentsch borde ha fått skrivna instruktioner men han fick endast muntliga. Han säger: ”Generalstabschefen gav mig befogenhet att beordra de fem arméerna att dra sig tillbaka till andra sidan Vesle längs höjderna norr om Argonnerna om situationen så krävde”, och ”jag fick uppdraget, om det var nödvändigt, att beordra arméerna att falla tillbaka till linjen Sainte Menehould–Reims–Fismes–Soissons. Jag bemyndigades att utfärda order i överbefälhavarens namn.”[106]

Hentsch, som inte var någon optimist, lämnade Luxemburg klockan elva på förmiddagen den 8 september. Först besökte han den femte, fjärde och tredje armén, och han kom fram till Montmort, högkvarteret för den andra armén, klockan kvart i åtta på kvällen. Där kunde han konstatera att Bülow menade att det var oundvikligt att den första armén retirerade och att han hade bestämt sig för att dra tillbaka sin egen armé.[107]

Klockan sju på kvällen den 9 september åkte Hentsch iväg till Chézy, den första arméns högkvarter, och trots att denna ort inte låg mer än fyra mil bort kom han på grund av alla truppförflyttningar som korkade igen vägarna inte fram förrän vid tolvtiden på natten. Längs hela vägen dit såg han förvirring och oordning[108] – förhållanden som var helt normala för trängen i en retirerande armé – vilket betonade hans pessimism och måste ha fått honom att förstå att situationen var desperat. När han kom fram till Klucks högkvarter pratade han med dennes stabschef, general von Kuhl, och medan han gjorde det inflöt ett meddelande från den andra armén att Bülow drog sig tillbaka. Hentsch, som visste att luckan mellan första och andra armén hade vidgats till närmare fem mil och att britterna hade trängt in i öppningen, använde sig av den befogenhet som han hade fått av Moltke och beordrade den första armén att dra sig tillbaka. Detta gjordes utan Klucks godkännande och trots det faktum att han inte var långt borta.[109]

Att Hentsch hade givits myndighet att utfärda denna order är höjt över allt tvivel, men den var av sådan vikt att han inte hade rätt att ge den till någon annan än Kluck själv, och att han inte gjorde det visar i hur hög utsträckning generalstabens antaganden hade fått ersätta fältbefälhavarnas auktoritet. Det verkar som om Kluck aldrig träffade Hentsch, och när han fick höra talas om ordern fann han sig i den mot bättre vetande,[110] antagligen på grund av sin respekt för generalstaben. Trots att han inte visste att fransmännen på hans högerflygel övervägde att slå till reträtt måste han ha varit medveten om hur omåttligt långsamt och försiktigt britterna ryckte fram i luckan mellan honom och Bülow. Hade han ignorerat Hentschs muntliga order och handlat enligt principen ”om tvivel råder, slå till”, skulle han måhända inte bara trängt tillbaka Maunoury, utan därigenom också ha paralyserat britterna och lockat Bülow att anfalla med honom. Såsom Görlitz påpekar var detta vad Seydlitz gjorde vid Zorndorf, och tillägger: ”men denna sorts initiativ var inte på modet under Vilhelm II:s dagar”.[111]

Härigenom hade Schlieffen–Moltke-planen, som hade skapats och letts av staben, nu skjutits i sank av samma stab, eftersom den strategiska ledningen på fältet gått över styr. På morgonen den 11 september åkte Moltke för första gången under kampanjen till fronten och besökte sina arméers högkvarter. Vid sin återkomst blev han allvarligt sjuk[112] och ersattes av general von Falkenhayn.

Tannenberg och Marne var bägge viktiga slag – det ena ur taktisk synvinkel, det andra ur strategisk. Tannenberg resulterade inte i några strategiska resultat förutom att stärka Hindenburgs ställning och övertyga den tyska generalstaben om att det var en relativt enkel historia att snabbt besegra Ryssland. Men om slaget hade vunnits av ryssarna hade effekten på både Tyskland och Europa kunnat bli ödesdiger. Marne, däremot, som bara var en partiell taktisk framgång, fick sådana omfattande strategiska effekter att sir James Edmonds otvivelaktigt har rätt när han utnämner Joffres seger till ”ett av världshistoriens mest avgörande slag”.[113] Det innebar att Tyskland förlorade sin enda möjlighet att besegra Frankrike innan man var tvungen att på allvar ge sig i kast med Ryssland.

Ett skäl till detta var att, som Bloch hade förutsett, den rörliga krigföringen snabbt urartade i belägring. I skydd av oräkneliga skyttegravar förflyttades initiativet från generalstaberna till de stridande nationernas industriella potential. I de fall där denna potential var svag, som i Ryssland, var den rörliga krigföringen – även i uttunnad form – fortfarande möjlig. Men där denna potential var stark, som i Frankrike och i Storbritannien, upphörde all form av rörlig krigföring. Därför fälldes avgörandet i väst mer och mer av fabrikernas än av arméernas styrka, och också av hur pass mäktiga örlogsflottor respektive land hade, eftersom dessa i sin tur antingen kunde skydda eller strypa tillförseln av förnödenheter till industrin. Såsom Bloch hade förutsett skulle svälten bli den yttersta prövostenen.

På ett djupare plan var Schlieffenplanen behäftad med en felbedömning, som om den hade rättats till förmodligen hade avskräckt Tyskland från att gå i krig såvida man inte fick Englands stöd eller i varje fall en försäkran om att England skulle förhålla sig neutralt. Denna felbedömning utgick från den tyska föreställningen om tvåfrontskrig. Om detta krig hade begränsats till en konflikt med Frankrike och Ryssland, hade man förmodligen hållit fast vid Schlieffenplanen. Frankrike skulle ha krossats inom sex veckor från krigsutbrottet och sedan skulle en kompromissfred med Ryssland ha följt. Men såsom situationen avtecknade sig i augusti 1914 omfattade västfronten såväl England som Frankrike, och även om den brittiska armén under de förhållanden som här skisserats skulle ha rönt samma öde som den franska, skulle Storbritanniens suveränitet ingalunda ha hotats. Frågan blir därför om kriget skulle ha avslutats om Schlieffenplanen hade krönts med framgång? Det historiska svaret är "Nej!" Såsom under Napoleons dagar skulle England ha fortsatt att slåss fram tills man hade byggt upp en ny koalition, eller fram tills att både England och Tyskland stått inför ekonomisk kollaps, varpå en förhandlingsfred enligt traditionella brittiska villkor hade inneburit att kriget avslutades.

När England i det förflutna hade deltagit i ett kontinentalkrig hade den historiska lärdomen gång på gång varit att så länge som man var den dominerande kraften till sjöss kunde ingen nation från det europeiska fastlandet, oavsett hur mäktiga landstridskrafter den än förfogade över, rycka initiativet ur britternas händer – eftersom de brittiska öarna inte lät sig angripas och tillförseln över havet var säkrad. Detta var den avgörande faktorn inte bara bakom Tysklands sammanbrott 1918 utan också bakom det än mer omfattande sönderfallet 1945, och under bägge världskrigen var detta någonting som tyskarna undgick att förstå.

KRÖNIKA

Taktiskt dödläge och förändrade mål

De militära operationer som följde genast efter slaget vid Marne ledde till en radikal förändring i krigets inriktning. Bägge sidor försökte först överflygla fiendens norra flank genom att förstärka sin egen norra flygel med trupper från den södra. Men kapplöpningen var så jämn att resultatet blev att stridslinjen låstes fast utanför Nieuwpoort vid Engelska kanalen. Sedan upptäckte man att magasinsgeväret hade gjort defensiven så mycket starkare än attacken att man i närheten av fienden för att alls överleva – och för att inte tala om att slåss – var tvungen att gräva ner sig. Det av Bloch förutspådda belägringskriget var ett faktum.

Men ingen sida var beredd att utkämpa ett sådant krig och då minst av alla britterna, som var så illa utrustade att de gjorde granater av bleckburkar och förvandlade granathylsor avsedda för fältkanoner till granatkastare. Katapulter kom återigen till användning och träkanoner borrades ut ur trädstammar. Som ammunition använde man oljefat fyllda med sprängmedel. Snart började skyttegravarna länkas samman med varandra, och även om det fortfarande var möjligt att inta en fientlig skyttegrav genom frontalanfall, omöjliggjordes genombrott snart av det allt större djupet i skyttegravssystemen och olika sorters hinder. Fram tills att stridsvagnen gjorde sitt intåg var alltså spaden och taggtråden överlägsna geväret och kanonen. Den rörliga krigföringen upphörde på västfronten och ersattes av dödläge.

Samtidigt beordrades Hindenburg på östfronten som en följd av österrikarnas katastrofala reträtt till Dunajec att den 15 september hålla Ostpreussen med ett minimum av sina styrkor och överföra huvuddelen av sin armé till den österrikiska vänsterflygeln. Han gjorde detta, och den 1 november utsågs han till överbefälhavare för östfronten. Men hans ställning var än så länge inte tillräckligt stark för att han skulle kunna fatta alla avgöranden själv, och när ryssarna återigen ryckte fram blev kejsaren så uppskrämd av att fienden närmade sig Schlesien och på nytt hotade att besätta delar av Ostpreussen, att Falkenhayn tillsades att ställa in alla operationer på västfronten och förstärka Hindenburg. Detta lyckades han göra i november, när striderna i Ypres körde fast i Flanderns lera.

För att rädda Österrike var det nödvändigt att driva bort ryssarna från Karpaterna, och på förslag av fältmarskalk von Hötzendorf, som var chef för den österrikiska generalstaben, bestämde man att bryta igenom den ryska fronten mellan Gorlice och Tarnów och svänga österut bakom den vänstra ryska flanken och skära av försörjningslederna. På östfronten var detta en genomförbar plan, eftersom den ryska fronten var svagt befäst, nästan helt saknade taggtråd och försvarades av i stort sett endast förposter.

Klockan 06.00 den 2 maj 1915 ryckte det tyska och österrikiska infanteriet fram efter fyra timmars artilleribeskjutning. De bröt igenom den ryska fronten och tillfångatog 140 000 ryssar. Men eftersom vägarna var floder av lera gick förföljandet så pass långsamt att ryssarna inte tvingades lämna Warszawa förrän den 5 augusti. Kovno och Grodno föll därefter, och i slutet av september tvingades ryssarna, efter att ha förlorat 325 000 man bara i fångar och över 3 000 kanoner, dra sig tillbaka till linjen Riga–Dvinsk–Pinsk–Tarnopol-Czernowitz. Även om de inte hade tvingats avbryta kriget var de så försvagade[1] att centralmakterna hade fria händer att välja mål för krigshandlingarna 1916.

Samtidigt förvärrades ryssarnas situation av att Turkiet hade anslutit sig till Tyskland, och för att förstå hur detta kom sig är det nödvändigt att gå tillbaka till förkrigshistorien.

År 1883 lånade Tyskland ut general von der Goltz till Turkiet för att stärka alliansen mellan länderna. Goltz uppdrag var att reorganisera den turkiska armén och två år senare moderniserades försvarsverken vid Dardanellerna. Tjugo år därefter, när ententen mellan Storbritannien och Frankrike såg dagens ljus, studerade amiral sir John Fisher, som då var förste sjölord, problemet vid Dardanellerna, och kom fram till slutsatsen att det skulle bli "oerhört riskabelt" också med militärt stöd att betvinga försvaret vid sundet. Därefter utreddes frågan 1906 och återigen 1911 av den nyligen skapade brittiska generalstaben och man kom fram till "att beroende på att det är omöjligt att åstadkomma ett överrumplingsanfall, skulle det vara alltför vågsamt att landsätta en armé på Gallipolihalvön". Under tiden hade den brittiska ententen med Ryssland föranlett Turkiet att närma sig Tyskland, och för att få turkarna på bättre humör skickade man en brittisk marindelegation till Konstantinopel. För att motverka detta drag lät tyskarna 1913 sända en militär delegation om 70 officerare ledda av general Liman von Sanders till Turkiet, och den 2 augusti 1914 slöts en hemlig försvars- och angreppspakt mellan Tyskland och Turkiet. Denna allians följdes genast av att den turkiska armén mobiliserades och av att man lät minera Dardanellerna. Detta avtal hade knappt hunnit undertecknas förrän en oförutsedd händelse väckte det till liv. Två örlogsfartyg, som då byggdes på engelska varv för den turkiska flottan, rekvirerades av den brittiska regeringen, och två tyska örlogsfartyg – *Goeben* och *Breslau* – som befann sig i Medelhavet lyckades efter en rad äventyr framgångsrikt gäcka den franska och brittiska flottan och tog sig in genom Dardanellerna den 10 augusti med kurs mot Konstantinopel. Men de internerades inte. I stället köptes de nominellt av Turkiet för att ersätta de två fartyg som britterna hade rekvirerat. Denna händelse mer än någon annan avgjorde krigets förlopp i Medelhavet. Som en följd av detta lät britterna i september skicka en flotteskader för att bevaka Dardanellerna och eftersom detta gjorde den brittiska marindelegationens uppgift omöjlig drogs denna tillbaka. Detta gjorde att den tyska militära delegationen nu var ensamma herrar på täppan och det blev uppenbart för de allierade att man sannolikt skulle hamna i krig med Turkiet. Och kriget lät inte vänta på sig. Den 29 oktober trängde en turkisk eskader under tyskt befäl in i Svarta havet och besköt Odessa, Sevastopol och Feodosija. Dagen därpå bad den ryske ambassadören i Konstantinopel om att få sina kreditivbrev, och den brittiska regeringen krävde att den tyska militära delegationen skulle lämna Turkiet inom tolv timmar. Eftersom detta ultimatum ignorerades förklarade Ryssland krig den 2 november, och Storbritannien och Frankrike den 5 november. Detta innebar att allt hopp britterna och fransmännen hyst om att utverka en sydlig led till Ryssland nu hade grusats.

Den turkiska armén bestod av 36 divisioner ledda av Liman von Sanders, med general Bronsart von Schellendorf som stabschef. Styrkorna var grupperade sålunda:

Första armén, 13 divisioner, stationerad i Konstantinopel, med en division på Gallipolihalvön. Andra armén, sex divisioner, vid Mindre Asiens kust med en division på den asiatiska sidan av Dardanellerna. Tredje armén, elva divisioner i Mindre Asien, öronmärkt för Kaukasus. Två divisioner i Jemen, två i Mesopotamien, och två i Hejaz (Hijaz). Så småningom sattes 70 nya divisioner upp.

Trots att armén hade ont om vapen och ammunition – förråden hade aldrig fyllts på ordentligt sedan Balkankrigen – bestämde sig Enver Pascha för att genomföra två kampanjer – en mot ryssarna i Kaukasus och den andra mot Egypten. Målet med den första kampanjen var att vinna kontroll över oljefälten i Baku, och i december ledde Enver Pascha den tredje arméns framryckning mot Kars. Även om armén på papperet bestod av 190 000 man, var underhållet eftersatt och transportsystemet bristfälligt. Därför var soldaterna tvungna att skaffa sig proviant längs vägen. Innan armén marscherade iväg berättade Enver Pascha för von Sanders att så snart som han hade ockuperat Baku hade han för avsikt att marschera genom Afghanistan mot Indien. I stället stängdes han in bland bergen av ryssarna och snön, och den 5 januari 1915 tvingades han retirera. Den 23 januari hade hans armé som en följd av frost och svält krympt samman till 12 400 man. Inte desto mindre hade hans framryckning så skrämt upp storfurst Nikolaj att han den 2 januari bad den brittiska militärdelegationen, som var knuten till hans högkvarter, att meddela lord Kitchener att om denne kunde ordna med en militär markering antingen till sjöss eller till lands, skulle detta möjligen förmå turkarna att dra tillbaka trupper från fronten vid Kaukasus och därigenom lätta på trycket mot Ryssland. Det var ett blygsamt förslag, men resultatet blev en förfuskad kampanj och en av de kostsammaste som någonsin företagits av det brittiska imperiet.

Redaktörens sammanfattning

Innan Fuller beskriver händelserna vid Gallipoli, som han med rätta kallar för ”en av den brittiska historiens värsta tragedier”, fortsätter han:

> När kapplöpningen mellan britterna och tyskarna till Engelska kanalen avslutades vid Nieuwport, hade det rörliga krig bägge sidor föresatt sig att utkämpa så tvärt hejdats av spaden att lord Kitchener utbrast: ”Jag vet inte vad vi ska ta oss till – det här är inte krig.” Olyckligtvis var det krig, vilket varje menig soldat visste.[1] Men ministrar är inte meniga soldater, och dödläget gjorde dem så chockade att de vältrade över skulden på generalerna. Marinministern Churchill utbrast: ”När den militära konsten ställdes inför denna återvändsgränd, hade den ingen lösning. Befälhavarna och deras generalstaber hade ingen plan att tillgå förutom frontalanfallet, något som all deras erfarenhet och utbildning hade lärt dem att förkasta. De hade ingen annan metod än utnötningskriget att tillgripa.”[2] Och den 31 december sade Lloyd George: ”Jag ser inga som helst tecken på att våra militära ledare och ledsagare har några planer som kan hjälpa oss bort från vår nuvarande högst otillfredsställande situation.”[3]
>
> Detta resulterade i att ju tystare soldaterna blev, desto mer högljudda blev politikerna. Men eftersom det inte fanns något samordnande organ för strategiskt tänkande inom eller bakom regeringen vid denna tidpunkt, saknade de respektive ministrarna kunskap om vad deras kollegor gjorde. ”De män som sitter i ledningen”, skrev amiral Wemyss, ”är okunniga om all teknik: de tror att allt de behöver göra är att säga: 'Gör det' – och så är det klart – men det är fel.”[4] Vad blev resultatet? General sir William Robertson ger svaret: ”Krigsministern ville ha det avgörande resultatet på västfronten, marinministern förespråkade en militär expedition till

Dardanellerna, ministern för Indien ägnade sin uppmärksamhet åt en kampanj i Mesopotamien ... kolonialministern var upptagen med flera småkrig i Afrika, och finansministern, mr Lloyd George, försökte säkra bortdragandet av en stor del av den brittiska armén från Frankrike till någon krigsskådeplats vid östra delen av Medelhavet."[5] Detta var vid den tidpunkt då den brittiska armén i Flandern hade förlorat hälften av sina trupper, och då det inte fanns några utbildade enheter i Storbritannien som kunde ersätta förlusterna.

Det var 1915 som de allierade statsmännen i förtvivlan över dödlägets följder på västfronten först började ta sin tillflykt till vad Fuller i en senare bok har brännmärkt som "undvikandets strategi".[6] Där har han på ett bestickande vis fångat denna strategis svagheter:

> I vilket område kunde man utdela det hårdaste slaget mot Tyskland? Svaret berodde på den rent praktiska sidan av de allierades krigföring, vilket i sin tur styrdes av var de allierades huvudbaser återfanns. Detta rörde sig om Frankrike och Storbritannien, och ingen annanstans än i Frankrike kunde den tidens oviga massarméer ställas upp och försörjas i fält. Huvudbaserna och krigsskådeplatserna avgjordes av geografin och livsmedelsförsörjningen, och inget jonglerande hit och dit med fronterna kunde förändra detta.[7]

Inte desto mindre var statsmännen fast beslutna att våga försöket, och det var självfallet den mest vältaliga och kraftfulla "jonglören" som avgick med segern. Med stöd av ryssarnas vädjan om hjälp vann så Winston Churchills idé om att betvinga Dardanellerna fotfäste. Som tanke var projektet säkerligen tilltalande: ingen har tydligare sammanfattat hur lockande förslaget var än den mest hårdnackande motståndaren till alla former av "undvikandets strategi", fältmarskalk sir William Robertson, som utnämndes till chef för imperiets generalstab (Chief of the Imperial General Staff) i december 1915:

> Fördelarna med att lyckas betvinga Dardanellerna var helt uppenbara. En sådan framgång skulle, såsom projektets förkämpar framhöll, trygga Egypten, locka över Italien och Balkanstaterna till vår sida, och om man därtill lyckades penetrera försvarsverken vid Bosporerna skulle man

> kunna föra in ammunition till Ryssland från USA och Västeuropa, och exportera Rysslands spannmålsöverskott. Det råder sällan någon brist på lockande planer i ett krig. Svårigheten är att omsätta planerna i verkligheten, och en av svårigheterna med planen avseende Dardanellerna var att ingenting konstruktivt kunde uppnås utan att man förr eller senare satte in trupper och enligt krigsministern fanns inga sådana att tillgå.[8]

Det var den omfattande bristen på nödvändiga resurser som från början till slut komplicerade kampanjen vid Gallipoli – även om andra faktorer, såsom truppernas låga utbildningsgrad och befälhavarnas oduglighet, spelade in. I förstone var det hela tänkt att vara en marin insats och ingenting annat. Tre resultatlösa bombardemang av de turkiska befästningar som skyddade Dardanellerna punkterade denna tanke, och efter den tredje misslyckade insatsen den 18 mars blev det klart att armén skulle bli tvungen att skaka fram trupper på något vis – med andra ord skulle ”Gallipoli” bli en gemensam operation med flera länder och vapenslag representerade, eftersom ingen vapengren hade erforderlig utbildning eller utrustning. Till högste befälhavare utsågs general sir Ian Hamilton, som inte förmådde leva upp till de krav denna svåra uppgift ställde. De första landstigningarna genomfördes vid Anzacområdet[9] (Ari Burun) och Helles Burun den 25 april. Det ska noteras (även om det alltför ofta förbises) att tyskarna endast tre dagar tidigare hade genomfört sitt första gasanfall vid Ypres, vilket hade dragit in den brittiska expeditionsarmén i ett utdraget krig som helt bottenskrapade dess resurser och medförde förluster på 60 000 man: alltså *inte* det bästa ögonblicket att iscensätta en andra större kampanj.

Landstigningsförsöken den 25 april resulterade i blandad framgång, och några av episoderna har blivit legendariska. Sammantaget lyckades man etablera fotfäste som britterna endast kunde utvidga tum för tum under de därpå följande tre månaderna. Dittills hade hela insatsen endast fått till följd att man hade åstadkommit ytterligare ett dödläge lika omedgörligt som det på västfronten. Som Fuller säger: ”Det var kulan, spaden och taggtråden som var fienden på *varje* front, och deras geografiska belägenhet var rent slumpartad.”[10] Under tiden förstärktes trupperna vid Gallipoli, men aldrig snabbt nog för att man skulle hinna tillvaratagа de hastigt förbipasserande tillfällen som infann sig. Det stod klart att endast ett helt oväntat lyckoomkast kunde rädda kampanjen. Ett sådant företag inleddes i augusti genom en ny landstigning vid Suvlabukten: kombinationen av äldre generaler och oerfarna, outbildade soldater under befäl av en ”släpphänt” befälhavare, som Hamilton, visade sig bli katastrofal. Turkarna fann sina ”hjältar” i sin tyske chef, Liman von Sanders, och den lysande och vildsinte Mustafa Kemal Atatürk. Än en gång lyckades britterna vinna fotfäste – men ingenting mer. ”Gallipoli” blev bara ännu en front i ett utnötningskrig, men detta var en stridslinje där också klimatet och sjukdomarna bidrog med sin ohyggliga skörd.

Hamilton återkallades i oktober och ersattes av general sir Charles Munro, som rekommenderade totalt tillbakadragande. Detta genomfördes i omgångar, Anzac och Suvla i december, Helles i januari 1916, i alla fallen med fullständig framgång. Fuller anmärker:

> Denna evakuering var kampanjens enda framgångsrika operation. Allt som allt hade 410 000 brittiska och 70 000 franska soldater landsatts. Av dessa hade 252 000 dödats, sårats, anmälts försvunna, tagits till fånga, dött i sjukdomar eller evakuerats som sjuka. De turkiska förlusterna uppgick till 218 000 man, varav 66 000 dödades. Det krigsbyte som kvarlämnades i ställningarna var enormt: ”Det tog nästan två år att rensa området.”
>
> Detta innebar slutet på en av de största katastroferna i den brittiska historien, och ett misslyckande fullt jämförbart med belägringen av Syrakusa 415 f. Kr., eftersom roten stod att finna i en demokratis oförmåga att föra krig. Såsom Churchill har poängterat: ”Ingen hade makt att ge entydiga, brutala order som bemöttes med obetingad respekt. Makten spreds bland alltför många viktiga personer som under denna period utgjorde det styrande instrumentet.” Lloyd George sade: ”Ansträngningarna koordinerades inte. En övergripande plan saknades. Insikten om vikten av att välja rätt tidpunkt lyste med sin frånvaro.” Men värst av allt var att omdömesförmågan brast, det fanns ingen konsekvent strategisk analys av det initiala problemet, ingen stringent beräkning av de taktiska kraven, och inget verkligt försök att jämka samman förhandenvarande resurser med det uppsatta målet.

KRÖNIKA

Krigets utveckling 1915–1918

England var den strategiska tyngdpunkten i den allierade koalitionen: för att vinna kriget var det nödvändigt för centralmakterna att förmå England att dra sig ur. Detta krävde att Frankrike och Ryssland besegrades, och att man lyckades vinna över neutrala makter till sitt läger, så att den brittiska regeringen när ententens övriga stater hade besegrats inte skulle kunna sätta samman ett nytt förbund. Britternas problem var att hålla samman koalitionen. Tidigare hade detta kunnat uppnås genom att man utsatte fienden för blockad, genom att man gav understöd åt allierade och genom att man använde den lilla brittiska armén i avledande manövrar och skenoperationer. Även om Storbritannien nu hade förvandlats till koalitionens bankir och vapenförråd, tillgrep man till en början inte oinskränkt blockadpolitik och armén användes inte som en avledande styrka, utan sattes in på västfronten. Men när dödläget väl var ett faktum försvor sig den brittiska regeringen inte till denna nya kontinentalpolitik, utan tog sin tillflykt till den traditionella avledningspolitiken.

Också innan man hade fattat beslutet att inleda den avledande manövern vid Dardanellerna drog man igång två understödjande operationer, en i Egypten för att skydda Suezkanalen och den andra i den Persiska viken för att säkra de engelsk-persiska oljeinstallationerna i Abadan, och senare, som vi har sett, skickades ännu en expedition till Thessaloniki. Dessa avledningsoperationer växte snabbt till större kampanjer och under 1917, när Ryssland låg i sina dödsryckningar och de allierades brist på soldatmaterial var som störst, hade den första operationen vuxit till kampanjen i Palestina, med en brittisk total styrka som uppgick till 340 000 man, den andra hade förvandlats till kampanjen i Mesopotamien med ungefär 400 000 man och den tredje till kampanjen i Makedonien där ungefär 202 000 man i den 600 000 soldater starka styrkan var britter. Dessa tre kampanjer kostade det brittiska imperiet 174 500 man i dödade, sårade och avlidna i sjukdomar, till vilket förlusterna om 214 000 man vid Gallipoli ska fogas.

Detta slöseri med människoliv var en av huvudorsakerna till att kriget förlängdes. En än viktigare orsak var att det dröjde innan man genomförde en heltäckande blockad mot centralmakterna. Detta berodde på att den brittiska regeringen 1909 hade bakbundit sig genom Londondeklarationen, som utgick från Parisdeklarationen 1856. Denna deklaration delade upp kontraband i två klasser: en absolut som omfattade militära förnödenheter, och en villkorlig som inbegrep mat och foder till fiendens väpnade styrkor. Eftersom det var omöjligt att bevisa att den senare kategorin inte var avsedd för Tyskland via mellanhänder i form av neutrala länder, var den brittiska blockaden redan från början ineffektiv. Den 20 augusti 1914 utfärdades den första förordningen i vilken man reviderade Londondeklarationen, och den 29 oktober kom så ännu en förordning. Som genmäle på dessa revideringar, som allvarligt begränsade inflödet av förnödenheter till Tyskland och Österrike, förklarade den tyska regeringen den 4 februari 1915 att sjöfart runt de brittiska öarna från och med den 18 februari skulle blockeras av ubåtar. Politiskt sett var det ett dåraktigt beslut, eftersom de brittiska förordningarna hade retat upp flera neutrala länder – särskilt USA – och ubåtsblockaden skulle oundvikligen innebära att de neutrala ländernas fientliga hållning mot Storbritannien ersattes av konflikter mellan Tyskland och vartenda neutralt land som handlade med Storbritannien. Händelseutvecklingen bar också syn för sägen. Den 1 maj sänktes ett amerikanskt handelsfartyg och en vecka senare chockades den neutrala världen när *Lusitania* torpederades.

För att utnyttja den avsky som sänkningen av detta storslagna fartyg hade väckt, utfärdade den brittiska regeringen den 15 maj ännu en förordning som föreskrev att alla sorters gods till och från Tyskland var att betrakta som kontraband. Därigenom upprättades oinskränkt blockad. Samtidigt blev kejsaren så skrämd av den amerikanska opinionen att han beordrade att alla angrepp på passagerarfartyg och tonnage från neutrala länder skulle upphöra. Om USA vid denna tidpunkt hade genomfört ett vapen- och ammunitionsembargo, skulle detta förmodligen ha medfört att de allierade hade tvingats på knä eftersom deras egna fabriker inte på långt när kunde tillgodose arméernas enorma efterfrågan.

När den tyska högerflygeln hejdades vid Nieuwpoort, antog västfronten formen av en enorm vinkel som buktade ut västerut mellan Engelska kanalen och Vogeserna med spetsen inte långt från Compiègne. Joffres plan för 1915 var att skära av denna vinkel genom en dubbel offensiv; britterna skulle anfalla österut från Artois, och fransmännen norrut från Champagne och spetsen på deras respektive framryckning skulle sammanstråla väster om Saint Quentin. Under hela kriget förblev denna plan mallen för den franska strategin, och i enlighet med denna tankegång utkämpades följande slag 1915: det första slaget vid Champagne (20 december–17 mars), slaget vid Soissons (8–4 januari), slaget vid Neuve-Chapelle (10–13 mars), slaget vid Festubert (14–25 maj), det andra slaget vid Artois (9 maj–18 juni), slaget vid Loos (25 september–15 oktober), och det andra slaget vid Champagne (25 september–6 november). Inga av dessa slag förmådde mer än nagga tyskarnas utbuktning i kanten.

Falkenhayn stod nu inför vinter på den ryska fronten och var medveten om att de misslyckade allierade försöken att bryta igenom på västfronten hade skapat en defaitistisk stämning i Frankrike, och han bestämde sig i slutet av 1915 återigen för att rikta tyngdpunkten i den tyska krigsansträngningen mot väster. Hans plan var att återuppta ubåtskriget och samtidigt slå till mot Verdun, som han valde till mål eftersom fransmännen ansåg att befästningarna där var ogenomträngliga. Om han kunde inta Verdun, skulle måhända denna förlust sänka fransmännens redan låga moral så till den grad att detta skulle medföra att Frankrike kollapsade och att England därefter skulle isoleras.

Den 21 februari 1916 inleddes slaget vid Verdun. Trots att tyskarnas anfall, i likhet med alla tidigare försök att penetrera skyttegravsförstärkta fronter, misslyckades med att tränga igenom de allierades linjer, fortsatte slaget fram till den 11 juli. De tyska förlusterna uppgick till 281 000 och fransmännens till 315 000 man. En vecka efter att slaget började drogs ubåtskriget igång och detta med sådan framgång att det först verkade som om tyskarna till sist hade upptäckt det vapen som skulle göra det möjligt för dem att betvinga sin orubbliga fiende. Men den 24 mars, när kanalångaren *Sussex* mellan Folkestone och Dieppe torpederades utan varning, hotade USA att avbryta de diplomatiska relationerna med Tyskland såvida man inte förändrade reglerna för ubåtskriget. Detta skrämde upp kejsaren så till den milda grad att han i fortsättningen förestavade att ubåtarna endast skulle angripa militära mål. Den 7 juli upphävde den brittiska regeringen som nästa steg Londondeklarationen.

Även om slaget vid Verdun störde uppladdningen inför de allierades våroffensiv kom Ryssland, Frankrike och Storbritannien överens om en kombinerad operation, och den 5 juni inleddes detta företag på den ryska fronten av general Brusilov. Offensiven kom som en välkommen nyhet för engelsmännen efter Skagerrakslaget den 31 maj, och efter lord Kitcheners död till sjöss fem dagar senare. (Kitchener omkom då kryssaren Hampshire gick på en mina lagd av den tyska ubåten U 75 vid Orkneyöarna. Han var på väg till Ryssland för förhandlingar om krigsplaneringen. Faktagranskarens anmärkning.) Trots att 200 000 österrikare fram till den 20 juni hade kapitulerat för ryssarna utsattes Brusilov mellan den 16 och 23 juni för våldsamma tyska motanfall och trängdes bakåt. Inte desto mindre fortsatte Brusilovoffensiven fram till den 17 augusti. Vid det laget hade ryssarna förlorat över en miljon man och hade helt uttömt alla sina resurser.

När Brusilovoffensiven stod på sin höjdpunkt, den 1 juli, efter enorma förberedelser och en sju dagar lång inledande artilleribeskjutning, inledde fransmännen och britterna – de senare nu under befäl av sir Douglas Haig – sin försenade offensiv vid Somme, och än en gång blev resultatet ett ömsesidigt utnötningsslag. Striderna pågick fram till den 18 november och varje sida förlorade över 600 000 man i dödade, sårade och fångar. Samtidigt förklarade Rumänien krig mot centralmakterna den 27 augusti, och två dagar senare efterträddes Falkenhayn av Hindenburg som generalstabschef. Den 6 december kapitulerade Bukarest för tyskarna.

I och med slaget vid Somme blev dödläget längs alla fronter så fullständigt att ingen av kontrahenterna verkade benägen att riskera att tvinga fram ett avgörande på slagfältet, och frågan om fredsförhandlingarna började övervägas i London, Berlin och Wien. Den 14 november lade lord Landsdown, minister i Asquiths koalitionsregering, fram ett memorandum för kabinettet där han föreslog att man skulle sondera möjligheterna till fred. Asquiths regering vacklade och den 7 december fälldes den och Lloyd George, som givit sitt hedersord att med större kraft fullfölja kriget, avlöste Asquith. Fem dagar senare lade Tyskland och övriga nationer i centralmakterna fram fyra identiska noter vari de tillkännagav att de var beredda att överväga fredserbjudanden. Men det framstår som tveksamt att Tyskland menade allvar med tanke på vad som hände genast därefter.

Den 18 december lät president Woodrow Wilson skicka en likalydande not till alla krigförande parter och bad dem att precisera ”vilka mål som, om de uppnåddes, skulle övertyga dem och deras folk att kriget nu hade nått sitt slut”, och den 22 januari 1917 höll han ett tal för senaten där han uttalade sig för ”fred utan seger”. I stället för att närma sig presidenten eller erbjuda sig att avstå Elsass–Lothringen till Frankrike vilket, enligt Viviani, den franske justitieministern, skulle ha förmått Frankrike att dra sig ur kriget, beordrade kejsaren den 31 januari att ubåtsinsatserna från och med den 1 februari skulle bedrivas utan begränsningar. Som ytterligare påbröd till denna dumhet blev det samtidigt känt i USA att Tyskland hade uppmanat Mexiko att ingå en offensiv allians tillsammans med Tyskland och Japan mot USA om amerikanerna gick in i kriget. Allt detta sammantaget gjorde de amerikanska ledarna så upprörda att man den 3 februari bröt de diplomatiska relationerna mellan Washington och Berlin, och även om fredssamtalen fortsatte saknade de nu all förankring i verkligheten.

Orsaken till att denna dumhet begicks var att man i Berlin menade att den ryska moralen hade nått brytpunkten, och om den förödelse som ubåtarna redan hade ställt till med än mer betonades, skulle det tvinga Storbritannien på knä innan amerikanernas militära inflytande hann göra sig gällande. Tyskarna skulle i själva verket ha väntat tills Ryssland hade kollapsat, och sedan, när allt var klart inför ett anfall på västfronten, skulle man ha inlett ubåtskrigföringen med full kraft.

De tyska förutsägelserna om situationen i Ryssland var korrekta. I Petrograd hade året 1916 slutat med en förebådande händelse. Den 29 december mördades munken Rasputin, som var tsarinnans förtrogna och hovets mörkerman, och därefter urartade situationen i Ryssland alltmer. Den 8 mars 1917 grep revolterna omkring sig i Petrograd och bagerierna plundrades. Den 11 mars kallades trupperna ut på gatan. De öppnade inte eld mot upploppsmännen utan sköt i stället ihjäl sina officerare och anslöt sig till pöbeln. Det fanns 190 000 soldater i huvudstaden och myteriet, som började i det kejserliga gardet, spred sig likt en löpeld. Den 12 mars var revolutionen i full gång, Vinterpalatset intogs, offentliga byggnader brändes ner och fängelserna, däribland Peter-Paulsfästningen – den ryska Bastiljen – öppnades och fångarna släpptes fria. Den 15 mars abdikerade Nikolaj II och tre dagar senare tillsattes en provisorisk regering under furst Lvov. Brusilov utsågs till högste befälhavare och Kerenskij till justitieminister.

I maj blev Kerenskij krigsminister, och i juli regeringschef. Den 22 mars erkändes den provisoriska regeringen formellt av de allierade länderna.

Marsrevolutionen resulterade omedelbart i att konflikten utvidgades. På långfredagen den 6 april förklarade USA krig mot det tyska kejsardömet, och ungefär samtidigt skickade den tyska regeringen Lenin (Vladimir Iljitj Uljanov, 1870–1924) i ett plomberat tåg till Petrograd. Det här var krigets två mest betydelsefulla händelser, och de skulle förändra världens politiska axel.

Den 6 april 1917 var den ödesdigraste dagen i Europas historia sedan Varus förlorade sina legioner i Teutoburgerskogen, och på något mystiskt vis förstod den amerikanske presidenten också att så var fallet. På kvällen den 1 april – dagen innan han höll sitt tal om kriget för kongressen – ska han i ett samtal med Frank Cobb från New York-tidningen *World* ha sagt följande:

> Kriget skulle förändra världen såsom vi har känt den. För så länge som vi inte var indragna härskade i stort den neutrala hållningen, men om vi anslöt oss till de allierade skulle världen i stället för fredens väg välja krigets.
>
> ”Det skulle innebära att vi i likhet med alla andra förlorade omdömet och slutade väga rätt mot fel. Det skulle innebära att en majoritet av människorna på det här halvklotet skulle bli krigsgalna, sluta tänka och ägna all sin kraft åt att förstöra.” Presidenten sade att en krigsförklaring skulle resultera i att Tyskland besegrades, och detta i sådan omfattning att segrarna skulle kunna diktera fredsvillkoren helt efter eget huvud.
>
> ”Det innebär”, sade han, ”ett försök att återupprätta en fredstida civilisation med hjälp av krigets måttstock, och vid krigsslutet kommer det inte att finnas några åskådare som i tillräcklig grad låter sig vägledas av fredens normer som utgångspunkt. Allt kommer att styras av krigets normer ...”
>
> ”När väl det här folket dragits in i kriget”, sade han, ”kommer de att glömma bort att det överhuvudtaget finns något som heter tolerans. För att kunna slåss måste de vara brutala och hänsynslösa, och den hänsynslösa brutaliteten kommer att genomsyra varje fiber i vårt nationella liv, påverka kongressen, domstolarna, den enskilde polisen som är ute på sin runda, mannen på gatan.” Presidenten menade att ledstjärnan skulle heta likriktning, och att den som vägrade att anpassa sig skulle få plikta dyrt för sin hållning.

Om inte den allmänna opinionen, som hade piskats upp av massmedierna, tvingat Wilson att ta detta ödesdigra steg, nu när Ryssland till fyra femtedelar hade lämnat kriget och Tyskland därigenom fritt kunde koncentrera sina styrkor mot Frankrike, är det nästan säkert att Frankrike och Storbritannien utan amerikanskt stöd skulle ha tvingats på defensiven. Vidare skulle tyskarna ha misslyckats med att på ett avgörande vis bryta igenom fiendens front, och eftersom det brittiska amiralitetet i maj genom att tillgripa konvojen[1] som motmedel mot ubåtsvapnet lyckats få bukt med problemet, skulle en förhandlingsfred med USA som skiljedomare ha nåtts innan Lenin hunnit ta kontrollen.

Ramsay MacDonald, det brittiska Labourpartiets ordförande, ifrågasatte det förnuftiga i att USA gick in i kriget. Den 17 augusti skickade han ett tillkännagivande till Edward Mandell House och presidenten, där han skrev:

> Majoriteten av vårt folk välkomnade USA:s inträde i kriget, men en minoritet, som är mycket större än vad tidningarna och den vildsinta opinionen ger vid handen, betraktar detta steg inte med fientlighet utan med beklagande. De kom fram till denna slutsats eftersom *a.* de inte tror att amerikansk militär hjälp är nödvändig för att förmå något av de inblandade länderna att träffa en förnuftig fred; och *b.* de tror att om USA hade hållit sig utanför kriget hade man gjort mer för freden och samförståndet, och skulle också ha kunnat påverka fredsfördraget på ett mer konstruktivt vis.

Vidare skrev han: ”även om man kan åstadkomma fred utan seger, visar historien att regeln snarare varit att endera parten åstadkommit seger utan fred … Det skulle också förmå de inblandade att välkomna politisk verksamhet parallellt med den militära.”

Flera år senare – i augusti 1936 – sägs Churchill enligt William Griffen, redaktör för New York-tidningen *Enquirer*, ha sagt:

> USA borde ha skött sina egna angelägenheter och hållit sig utanför världskriget. Om ni inte hade gått med i kriget, skulle de allierade ha ingått en fredsöverenskommelse med Tyskland våren 1917. Om vi hade fått fred då, skulle Ryssland inte ha kollapsat med kommunismen som följd, Italien skulle inte ha brutit samman med fascismen som följd och Tyskland skulle inte ha undertecknat Versaillesfördraget, som har givit

> nazisterna makten i Tyskland. Om USA hade hållit sig utanför kriget, skulle alla dessa "ismer" inte i dag ha svept över den europeiska kontinenten och fått de parlamentariska regeringarna att bryta samman, och om England hade åstadkommit fred i början av 1917 skulle över en miljon brittiska, franska, amerikanska och andra människors liv sparats.

Med Ryssland mer eller mindre utanför kriget och USA än så länge bara nominellt delaktigt, skulle det förnuftigaste beslutet för fransmännen och britterna ha varit att hålla fronten defensivt, spara på manskapet och vänta på att USA hunnit utveckla sin kraft. I stället bestämde man sig för en gemensam våroffensiv österut från Arras och norrut från Reims. När tyskarna av förberedelserna längs fronten insåg vad som förestod – och för att förstärka västfronten fram tills att förstärkningarna från Ryssland hann fram – drog de sig tillbaka från den stora utbuktningens spets till vad de kallade Siegfried Stellung och de allierade kallade Hindenburglinjen. Det rörde sig om ett omfattande system av skyttegravar som sträckte sig från Arras utkanter till några kilometer öster om Soissons. Detta tillbakadragande förryckte den allierade offensiven och resulterade i två separata slag – slaget vid Arras (9 april–15 maj) och det andra slaget vid Aisne (16–20 april). Slaget vid Arras kostade britterna 158 000 döda, sårade och saknade, och slaget vid Aisne, som leddes av general Nivelles som hade efterträtt Joffre i december 1916, slutade med fiasko och kostade fransmännen 187 000 soldater. Än värre var att den franska armén drabbades av utbredda myterier, vilket för ögonblicket gjorde att alla tankar på en fransk offensiv fick skrinläggas. Den 15 maj ersattes Nivelles av general Pétain. Därefter följde på östfronten den 29 juni vad som kommit att kallas för Kerenskijoffensiven, och den 18 juli hade ryssarna lidit ett så svidande nederlag att det var uteslutet med fler ryska offensiver.

Före slaget vid Somme hade sir Douglas Haig bestämt hävdat att det avgörande slaget borde utkämpas i Flandern och nu, för att såväl locka tyskarna bort från de demoraliserade fransmännen som för att inta de tyska ubåtsbaserna vid Oostende och Zeebrugge, bestämde han sig för att först bemäktiga sig höjden vid Messines och därefter bryta igenom fronten vid Ypres och rycka fram mot Brügge och Gent.

Den 21 maj i skydd av 2 266 kanonor och 19 minor fyllda med ett halvt ton sprängämnen inleddes slaget vid Messines, och den 14 juni kunde höjden så intas. Därefter inleddes den 31 juli efter ett 13 dagar långt bombardemang en serie slag som kommit att gå till historien under namnet "tredje slaget vid Ypres". Slagfältet utgjordes av utdikat marskland, och under bombardemanget förvandlades marken till ett stort träsk där de anfallande trupperna slogs och vadade omkring fram till den 20 november då slaget klingade av efter att 244 897 man gått förlorade.[2] Att efter augustis utgång framhärda i detta taktiskt omöjliga slag var ett utslag av oursäktlig envishet från Haigs sida, eftersom fransmännen den 20 i samma månad hade återhämtat sig tillräckligt mycket för att dra igång ett anfall vid Verdun, som pågick fram till den 15 december med de sedvanliga höga förlusterna.

Samtidigt hade italienarna mellan den 24 oktober och den 4 november åsamkats ett katastrofalt nederlag i slaget vid Caporetto, där de förlorade 305 000 man, varav 275 000 tagits tillfånga. För att förhindra att Italien drog sig ur kriget transporterades i ilfart brittiska och franska trupper till området och den 20 november angrep Haig tyskarna vid Cambrai, ett slag som inte föregicks av något bombardemang och där stridsvagnar för första gången användes i större koncentration. De initiala framgångarna var enorma men den 5 december slutade slaget – på grund av att man inte hade tillgång till några reservtrupper – i nederlag och med en förlust om 45 000 man. I slutet av 1917 hade britterna helt barskrapat sina resurser, fransmännen var moraliskt utmattade, italienarna var nära att dra sig ur kriget och amerikanerna hade ännu inte hunnit engagera sig tillräckligt mycket för att kompensera ens för en bråkdel av de enorma förluster de allierade hade lidit.

Den 7 november (oktober enligt gammal rysk tideräkning, därav oktoberrevolutionen) grep så Lenin och Trotskij (Lev Davidovitj Bronstein) makten i Petrograd och störtade Kerenskijs regering. En månad senare, när fientligheterna mellan Ryssland och Tyskland avbröts, började tsardömet att falla sönder. Den 22 januari 1918 förklarade sig Ukraina självständigt och den 9 februari erkändes den nya staten av Tyskland i enlighet med de villkor som återfanns i det första Brest-Litovsk-fördraget. Mellan den 16 februari och den 30 maj förklarade så följande nationer sig självständiga: Litauen, Lettland, Estland, Vitryssland, Georgien, Azerbajdzjan, Armenien, Norra Kaukasus och Kosackriket (Don- och Kubankosacker). För att betvinga bolsjevikregeringen och få slut på Trotskijs oavlåtliga propagandistiska argument återupptog tyskarna den 18 februari fientligheterna, och bolsjevikerna förklarade sig genast vara beredda att sätta sig vid förhandlingsbordet. Detta ledde fram till undertecknandet av det andra Brest-Litovsk-fördraget den 3 mars, enligt vilket bolsjevikregeringen erkände Finlands och Ukrainas självständighet, avträdde Kurland, Litauen, Polen, Batumi och Kars (de två sistnämnda till turkarna), demobiliserade sin armé och flotta samt upphörde med all propaganda i Tyskland. Den 7 maj följde Bukarestfördraget med Rumänien.

Medan Ryssland sjönk ner i fullständigt kaos, funderade president Wilson på fred, och den 8 januari lade han fram sitt förslag i 14 punkter för kongressen om att få slut på kriget, och tillfogade därefter ytterligare fyra punkter. Wilsons förslag var oerhört idealistiskt färgat och frambesvärjde bilden av en krigstrött värld och gav Tyskland en möjlighet att få slut på kriget genom en förhandlingsfred. Kejsaren och hans rådgivare avvisade förslaget, åtminstone delvis för att det i USA – samtidigt som Wilson viftade med sin olivkvist – höjdes röster för att Tyskland skulle påtvingas en ytterligt strängt dikterad fred. När därför kriget nu hade begränsats till en front, bestämde sig den tyska generalstaben för att krossa fransmännen och britterna innan amerikanerna hann skeppa över några större styrkor. Bortsett från att acceptera de fjorton punkterna var detta den enda tänkbara väg som stod öppen för tyskarna: för som Ludendorff hade poängterat hade Rysslands kollaps framkallat en sådan intensiv känsla av lättnad i Tyskland att alla såg fram mot offensiven med förväntan och fruktade en defensiv krigföring där fienden oavlåtligt kunde föra fram mer och mer materiel och trupper. Dessutom höll blockaden på att långsamt strypa Tyskland, och enda möjligheten att snabbt få slut på sakernas tillstånd var en offensiv.

Det fel som generalstaben begick var inte att besluta om offensiv, utan att man i stället för att rikta stöten mot de krigströtta fransmännen bestämde sig för att gå till anfall mot de envisa britterna.

När västfronten hade förstärkts med 70 divisioner från Ryssland, gick den tyska planen ut på att bryta igenom de brittiska tredje och femte arméerna norr och söder om Péronne. När man väl lyckats forcera fronten på djupet skulle man svänga runt med den högra flygeln norrut och driva bort britterna från fransmännen.

Den 21 mars inleddes *Kaiserschlacht* under skydd av rök- och gasgranater, och offensiven visade sig vara så framgångsrik att de allierade den 26 mars utsåg general Foch till samordnare av de franska och brittiska styrkorna för att möta hotet. Men den 5 april hade anfallet hunnit mattas av och tyskarnas ställningar sträckte sig i en stor båge med centrum en och en halv mil öster om Amiens. Den 9 april drog tyskarna så igång en offensiv vid Somme mot den brittiska första armén på båda sidor om floden Leie. Den 30 april klingade anfallet av och än en gång hade tyskarna bara åstadkommit en stor inbuktning.

Först efter dessa två misslyckade anfall bestämde sig den tyska generalstaben för att vända sig mot fransmännen vid Aisne. Klockan ett på morgonen den 27 maj inleddes den tredje stora offensiven: höjden vid Chemin des Dames stormades och på kvällen den 28 maj lyckades tyskarna slå in en stor kil söderut mellan Reims och Soissons. Den 3 juni nådde man fram till Marne vid Château-Thierry och en stiltje infann sig fram till den 9 juni, då anfallet återupptogs, men det dog ut på nytt den 14 juni. Den 6 juli kom det sista tyska anfallet, den här gången öster och väster om Reims, men de allierade höll sina ställningar och tyskarna åstadkom föga.

För att förhindra att offensiven fortsatte mot Paris bestämde sig Foch för att gå till motanfall mot den västra flygeln i utbuktningen. Den 18 juli slog han ut ett anfall österut från Villers Cotterêts och den 2 augusti hade han tvingat tillbaka tyskarna till linjen Reims–Soissons. Vid det laget hade vardera sidan sedan den 21 mars haft förluster på ungefär en miljon man. För tyskarna var denna manspillan oersättlig eftersom man helt enkelt inte hade något soldatmaterial att tillgå, men samtidigt hade över en miljon amerikaner landsatts i Frankrike och de nådde fram till krigsskådeplatsen i en hastighet om en kvarts miljon per månad. Härigenom blev amerikanerna, såsom Ludendorff uttryckte det, ”krigets avgörande faktor”. Ändå var det inte amerikanerna som skulle vinna slaget som avgjorde utgången.

Slaget vid Amiens 1918

Slaget vid Amiens, som av fransmännen kallas för slaget vid Montdidier, var det mest avgörande slaget under första världskriget. Det ledde inte bara till att de tyska arméerna på västfronten kollapsade utan också till att dödläget löstes upp, och detta i sin tur innebar att slaget betraktas som en taktisk revolution. Men om de tyska arméerna 1914 hade organiserats runt den snabbskjutande fältkanonen och kulsprutan – som var de förhärskande vapnen under början av 1900-talet – i stället för med utgångspunkt i magasinsgeväret – som var det förhärskande vapnet under slutet av 1800-talet – hade dödläget med stor sannolikhet inte uppstått och Frankrike skulle i stället ha besegrats nästan lika snabbt som blev fallet 1940 då två helt annorlunda vapen intog scenen: stridsvagnen och flygplanet. Men de var inte organiserade på det viset, och det var inte heller deras motståndare och resultatet blev, som vi har sett, att gevärskulan lyckades vinna tillräcklig tid för att spaden skulle hinna åstadkomma skottsäkra skyttegravar och neutralisera kanonens makt. Först då började alla de inblandade arméerna utöka sitt artilleri och sin arsenal av kulsprutor, antingen för att hålla eller för att bryta igenom en befäst front, och eftersom skyttegravar och hinder hejdade anfallande styrkor och hjälpte försvararna, såsom Bloch hade förutsett, blev försvaret den starkaste formen av krigföring.

För att övervinna denna skillnad sökte man först lösningen i att utplåna skyttegravar och hinder genom intensiva inledande bombardemang,[1] och även om detta visserligen sörjde för en initial framgång, förvandlade granaterna slagfältet till ett kratertäckt område och skapade ett oerhört hinder i vägen för de hjulförsedda fordon utan vilka angriparna inte kunde förses med förnödenheter. Alltså skapade bombardemanget ett lika stort hinder för framryckningen som de skyttegravar och hinder som det förstört.[2] När dessa artillerislag var framgångsrika innebar de dessutom att den angripande parten oföränderligen hamnade i en utbuktning – det vill säga i en taktiskt ofördelaktig position. Följden blev alltså att även om kanonen nu fick spela en framträdande roll, förmådde den på grund av att dess destruktiva kraft gjorde den orörlig inte få ett avgörande inflytande i ett rörligt krig. Dessutom var området med kratrar till fördel för den defensiva kulsprutan. Resultatet blev att artillerielden i stället för att göra slut på dödläget tvärtom förstärkte det.

Eftersom kanonen inte förmådde lösa problemet tillgrep tyskarna den 22 april 1915 vid Ypres ett storanfall genom utsläpp av klorgas från gascylindrar.[3] Men trots den inledande framgången förmådde som en följd av gasmasken inte heller gasanfall lösa dödläget.

Under krigets senare del tillgrep bägge sidor flyganfall mot civilbefolkningen för att tvinga fram ett avgörande genom att demoralisera fienden. Men detta var inte stort mer än underordnade aktioner, för även om dessa anfall gav en fingervisning om den bedrövliga utveckling framtiden bar i sitt sköte, hann de respektive flygvapnen under denna period inte utvecklas i tillräckligt hög utsträckning för att bidra till krigsutgången.[4]

Alla dessa lösningar var fuskverk, eftersom man inte till fullo förstod problemet. Lösningen handlade inte om att avlägsna skyttegravar och hinder, utan att neutralisera kulan. Det handlade om hur man skulle göra fiendens alla gevärsskyttar och maskingevärsnästen poänglösa, inte gradvis utan ögonblickligen. Svaret var skottsäkert pansar och inte att öka antalet projektiler – oavsett om det handlade om kulor, granater, bomber eller till och med gas. Detta upptäcktes redan tidigt under kriget av överste E. D. Swinton[5] och andra i England, och av general Estienne i Frankrike. Dessutom insåg de att även om soldaten inte kunde bära skottsäker rustning, kunde han i stället transporteras, såsom sjömannen, i ett bepansrat fordon, och eftersom detta fordon skulle behöva ta sig fram genom ojämn terräng behövde det utrustas med band i stället för med hjul. Detta blev utgångspunkten för stridsvagnen, ett motoriserat, bepansrat skepp till lands. Den 15 september 1916 sattes så stridsvagnen in i det granatsöndertrasade landskapet vid Somme.

Egentligen var denna lösning oerhört gammal,[6] och frågan hade också utretts med stor insikt av överste C. B. Brackenbury i en artikel med titeln

"Ironclad Field Artillery" ("Bepansrat fältartilleri"), som publicerades i *The Nineteenth Century Review* i juli 1878. Det är på sin plats att citera ett längre avsnitt ur denna artikel eftersom Brackenbury här mycket tydligt frambesvärjde bilden av "stridsvagnen".

Sammanfattningsvis resonerade Brackenbury på följande vis: den främsta lärdom man kunde dra av slaget vid Plevna var "att trupper som befinner sig i skydd är praktiskt taget oövervinneliga så länge som fienden befinner sig framför dem", att effekten av artillerield "ökar i takt med att avståndet minskar", "att artilleriets destruktiva kraft på nära håll mer eller mindre är liktydig med total förintelse", men att det samtidigt som infanteriets makt "ökat betydligt" inte är möjligt att flytta fram kanonerna till förintande skotthåll. Därför var problemet hur man skulle skydda kanonerna från kulor, och Brackenburys förslag var att bära fram "tunna järnsköldar (i sektioner) som kunde skydda pjässervisen mot infanterield" i "en eller möjligen två laster till varje batteri".

> Sedan kan artilleriet i lugn och ro invänta vilken attack som helst i den trygga förvissningen att de kan förinta fienden långt innan han når fram till kanonerna. All oro för att bli kringrända skulle försvinna, och vi kunde gå vidare genom att bygga upp ett taktiskt system med utgångspunkt i antagandet att artilleriet inte kommer att behöva ge vika inför något som ställs mot det. ... Om så en artilleriduell utkämpas, borde den sida som är trygg för kartescher och fientlig infanterield avgå med segern. ... Om vi kan förhindra nio tiondelar av förlusterna i döda och sårade, och nästan all risk att tas till fånga, kan vi kosta på oss att bortse från olyckor. ... Lika säkert som örlogsmän kan beklädas med pansar, kan fältartilleri förses med tillräckligt skydd mot infanterield och kartescher. ... Infanteriets eldkraft har blivit så förödande under senare år att defensiva åtgärder förr eller senare måste vidtas av fältartilleriet. ... Om vi kan förse artilleriet med bepansrat skydd som inte kan bäras av kavalleri eller infanteri, kommer vi att skapa ett vapenslag som i hög grad kommer att förändra slagfältets taktik. Denna utveckling är lika säker som att dag följer på natt. Vi får hoppas att England går i spetsen för denna utveckling i stället för att bara följa i kölvattnet på andra nationer.[7]

Vad som är anmärkningsvärt i Brackenburys förslag är att han insåg att "moralisk effekt är det mål som eftersträvas under ett slag, för de döda och sårade har inget inflytande på det slutliga tillbakadragandet" – detta är själva grundtanken med stridsvagnen. I likhet med Fredrik den store insåg han att "framryckning är att segra" på grund av den förödande moraliska effekt som *oavbruten* framryckning har på fienden. Detta var den idé som genomsyrade "bajonettskolan", en idé som i grund och botten var helt i sin ordning, men som under de förhållanden som rådde 1914 var totalt omöjlig att genomföra. "Granatskolan" från åren 1914–1917 begrep aldrig denna tankegång. Förespråkarna för detta tillvägagångssätt insåg aldrig att problemet inte handlade om att skjuta fiendens ställningar sönder och samman, utan om *att kunna flytta fram kanonerna* under fientlig kanon- och kulspruteeld, och om en sådan framryckning kunde genomföras skulle effekten inte bli *förintande destruktiv*, utan *förintande demoraliserande*. Detta är exakt vad stridsvagnen – motoriserat bepansrat artilleri – lyckades åstadkomma. Det löste de två ständiga problem som alla arméer hade haft att brottas med sedan eldvapnen introducerades – nämligen hur man skulle kunna upprätta harmoni mellan förflyttning och eldkraft och förflyttning och skydd. Rörligheten ökade genom att man ersatte muskelkraft med motorer, man ökade säkerheten genom att neutralisera kulan med pansarplåt och man ökade den offensiva kraften genom att soldaten inte längre behövde bära sina vapen och genom att hästen inte längre behövde transportera all utrustning. Eftersom stridsvagnen skyddade soldaten dynamiskt gjorde den det möjligt för soldaten att slåss statiskt; den överförde marin taktik till krigföring på land.

Första gången som stridsvagnen kom till korrekt användning var under anfallet vid Cambrai den 20 november 1917. Detta slag föregicks inte av något inledande bombardemang. I stället opererade stridsvagnarna i grupper om tre likt en kort linje med mobilt bepansrat artilleri framför infanteriet. Med smärre modifikationer användes denna taktik fram till slutet av kriget och innebar betydligt mindre förluster i förhållande till terrängvinst. Men även om detta slag visade att man här hade hittat en lösning på dödläget ledde brist på reserver till taktiskt misslyckande, och det var inte förrän under slaget vid Amiens som samma lösning tillämpad i stor skala ledde till fullständig framgång.

Jämsides med införandet av vad som skulle komma att kallas för "bepansrad krigföring", skedde utvecklingen av luftkriget – den rörligaste formen av krig – och detta skedde också i stor utsträckning som en följd av dödläget. Till en början användes flygplanen nästan enbart för att hjälpa artilleriet att hitta mål. Därefter började flygplanen användas i spaningssyfte för att fotografera slagfältet för att man skulle kunna rita särskilda skyttegravskartor. Dessa uppgifter stimulerade luftstriden, men de riktiga luftstriderna började inte förrän tyskarna introducerade Fokkers monoplan 1915 – som hade en fast monterad, synkroniserad kulspruta som sköt mellan propellerbladen. Under slaget vid Loos skedde de första luftbombardemangen mot artilleriställningar och andra mål, under slaget vid Somme användes jaktpatruller för första gången, under slagen vid Messines och Cambrai utvecklades tekniken att anfalla skyttegravar och artilleriställningar med lågtflygande plan och den 1 april 1918 skapades Royal Air Force som en separat vapengren som efterträdare till Royal Flying Corps. Utvecklingen hade gått med stormsteg, vilket inte minst framgår av att medan RFC 1914 hade bestått av 165 officerare och 1 264 man med 63 flygplan, som satts in i striderna i Frankrike, utgjordes RAF sommaren 1918 av 291 175 officerare och meniga och 22 000 flygplan, varav 3 300 återfanns i främsta linjen. Det var världens största flygvapen.

Dessa preliminära taktiska förändringar bör hållas i minnet när man betänker det stora avgörande slag som utkämpades öster om Amiens mellan den 8 och 11 augusti.

Mot slutet av juni hade den brittiska ställningen vid fronten längs Amiens hunnit förstärkas rejält. General sir Henry Rawlinson, befälhavare för den femte armén, som efter att den hade besegrats hade döpts om till den fjärde armén, bestämde då att den 4. australiska divisionen skulle inta byn Hamel och ett närbeläget skogsområde öster om Corbie. Den 4 juli intogs dessa mål i samarbete med den 5. pansarbrigaden på ett så övertygande vis och med så låga förluster[8] att Rawlinson dagen därpå framkastade för Haig att man skulle genomföra en liknande operation, men i större skala. Med denna operation i åtanke föreslog Haig den 12 juli för Foch – som två dagar tidigare hade utnämnts till marskalk av Frankrike – en offensiv som skulle flytta fram den allierade fronten till en linje öst och sydöst om Amiens och därigenom frigöra såväl staden som den viktiga järnvägsförbindelsen mellan Amiens och Paris, som befann sig inom räckhåll för fientlig beskjutning. Foch gick med på förslaget och dagen därpå fick Rawlinson i uppdrag att detaljplanera anfallet. Han lade fram sitt förslag den 17 juli, och den 23 juli godkände Foch och Haig anfallet.

Rawlinson hade använt sig av samma plan som vid Hamel med den skillnaden att omfattningen nu var större. Målet var en begränsad framryckning till den gamla yttre försvarslinjen runt Amiens, som man förlorat i april föregående år, och som längs den fjärde arméns front löpte från Le Quesnel vid vägen mellan Amiens och Roye, genom byn Caix ett stycke öster om Méricourt vid Somme.

Medan Rawlinson väntade på Haigs godkännande, hade han den 21 juli samlat en konferens i sitt högkvarter vid Flexicourt. Närvarande var hans tre kårchefer, generallöjtnant sir John Arthur Currie från den kanadensiska kåren, generallöjtnant sir John Monash från den australiska kåren och generallöjtnant sir Richard Butler från den III. kåren liksom generallöjtant sir Charles Kavanagh, befälhavare för kavalleriet, och representanter från RAF och pansarkåren. Den ursprungliga idén gavs nu en något större omfattning och antalet pansarbataljoner utökades från åtta till tolv. Dagen därpå utfärdade Foch sina formella order inför operationen. Inledningen lydde: "1. Målet för denna operation är att frigöra Amiens och järnvägen mellan Paris och Amiens, därtill att besegra och driva tillbaka fienden från deras ställningar mellan Somme och Avre. 2. För att göra detta ska offensiven, som i norr skyddas av Somme, tränga fram så långt som möjligt i riktning mot Roye."[9]

Även om det övergripande syftet förblev det samma, förflyttades anfallsmålet långt bortanför Amiens yttersta försvarsverk, för Roye ligger närmare 13 mil sydöst om Le Quesnel. Vid konferensen fastslogs också startdatum till den 8 augusti, och den 28 juli fick planen ytterligare tyngd genom att Foch lät ställa den franska första armén ledd av general Debeney under Haigs befäl med uppmaningen att använda den offensivt på Rawlinsons högra flank. Slutligen hölls så en konferens den 5 augusti med Haig som ordförande, och nu förändrades offensivens inriktning fullständigt. Inte bara skulle den franska tredje armén, som stod till höger om den första, ingå i anfallet, utan Rawlinson beordrades att sörja för en framryckning öster om Amiens yttre försvarsverk. För att underlätta framryckningen mellan Montdidier och Noyon för den franska tredje armén, beordrades han vidare att inta linjen Roye–Chaulnes och pressa fienden bakåt mot Ham – 24 kilometer sydöst om Chaulnes. Som ytterligare förstärkning tilldelades han kavallerikåren.

Att djupet i den tänkta genombrytningen fördubblades tre dagar före anfallet innebar att kårbefälhavarna inte fick tillräckligt med tid på sig att förändra de invecklade administrativa detaljer som alla offensiva planer under krig är beroende av. Följden blev att de planer som förelåg fick anpassas efter en situation som de aldrig varit avsedda för. Dessutom verkar det som om varken Foch eller Haig vägde in att slagfältet som en följd av detta betydligt djupare genombrott drastiskt skulle ändra karaktär.

Norr om Somme var marken sönderskuren av raviner och utsprång, som var svårforcerade för stridsvagnarna, men avståndet man skulle tillryggalägga inför anfallet var kort, eftersom Amiens yttre försvarsverk låg knappt 5 000 meter öster om startlinjen. Söder om Somme och upp till Amiens yttre försvarsverk var landskapet perfekt för stridsvagnar, och de tyska befästningsverken var medelmåttiga. Men där bortom låg den franska delen av slagfältet vid Somme från 1916: ett virrvarr av förfallna skyttegravar, taggtråd och granathål. Inte bara var området svårforcerat för stridsvagnar och infanteri, utan därtill utgjorde det ett idealt försvarsområde för fientliga kulsprutenästen. Nu när djupet i operationen hade utsträckts till linjen Roye–Chaulnes–Somme stod därför anfallarna inför två operationer: som planerat att rycka fram till Amiens försvarslinjer och – vad man alltså inte planerat för – att avancera därifrån över Sommes gamla slagfält till linjen Roye–Chaulnes. Då det område som skulle avverkas under operationens andra fas var så svårframkomligt krävdes starka reserver av infanteri och stridsvagnar för att forcera det, och eftersom man inte hade lämnat utrymme för reserver i planeringen blev, som vi kommer att se, slaget vid Amiens i likhet med slaget vid Cambrai i stort sett en operation som begränsades till en dag.

Den 8 augusti hade general Rawlinson under sitt befäl följande enheter: till vänster den III. kåren med den 12., 18. och 58. divisionen vid frontlinjen, den 47. längst ut till vänster för att säkra kårens vänstra flank och den amerikanska 33. divisionen som reserv; i mitten den australiensiska kåren, med den 2., 3. och 4. divisionen vid frontlinjen, och den 1. och 5. i reserv; och till höger den kanadensiska kåren, med den 2. och 3. divisionen vid frontlinjen med den 1. och 4. i reserv. Dessutom hade han tillgång till kavallerikåren, som bestod av 1., 2. och 3. kavalleridivisionen, den 5. brigaden ur RAF – sex divisioner Squadron-jaktplan, åtta spaningsdivisioner och tre bombdivisioner – och den 3., 4. och 5. brigaden samt den 10. bataljonen från pansarkåren. Som övergripande reserv ställdes den 17., 32. och 63. divisionen till hans förfogande.

Anfallets frontlinje sträckte sig från Moreuil i söder till floden Ancre i norr. Från Moreuil till vägen Amiens–Roye hölls ställningarna av den franska XXXI. kåren, från Amiens–Roye till järnvägen Villers-Bretonneux–Chaulnes (båda orterna medräknade) av den kanadensiska kåren, från denna järnväg till floden Somme av den australiensiska kåren, och därifrån till Ancre av den III. kåren.

Under den första dagens strider var målet att de kanadensiska och australiensiska kårerna skulle genomföra huvudanfallet, medan den franska XXXI. kåren och den brittiska III. kåren fungerade som defensiva sköldar på flankerna till höger och vänster. Slagfältet hade delats upp i tre mål. Det första målet (den gröna linjen) och det andra målet (den röda linjen) skulle intas av alla enheter. Det tredje målet (den blå och den blåprickiga linjen) utgjorde slutpunkt för de australiensiska respektive kanadensiska kårerna. Efter att det första målet hade intagits skulle trupperna göra halt under två timmar för att ge den andra anfallsvågen tid att hinna fram och utgöra ny anfallslinje.

Stridsvagnsenheterna grupperades enligt följande: den 4. pansarbrigaden (1., 4., 5. och 14. bataljonen) fördes till den kanadensiska kåren, den 5. pansarbrigaden (2., 8., 13. och 15. bataljonen) till den australiensiska kåren, den 10. pansarbataljonen till den III. kåren; och den 3. pansarbrigaden (3. och 6. bataljonen) till kavallerikåren.

Data för de stridsvagnar som dessa bataljoner försågs med återges i en tabell. Den 3. och 6. bataljonen hade var och en 48 stridsvagnar av modellen Medium A (Whippet), och bortsett från den 1. och 15. bataljonen, som hade 36 stycken Mark V Star, hade de återstående 36 stycken Mark V, och sex i reserv för att ersätta vagnar som gick sönder. Allt som allt rullade 324 tunga stridsvagnar och 96 Whippet ut på slagfältet och därtill ska läggas 42 stycken i reserv. Det fanns också 96 stridsvagnar som fungerade som transportstridsvagnar (ombyggda Mark IV:or) och 22 bandkanoner (Gun Carrier Tank Mark I), som också modifierats för att transportera förråd. Allt som allt innebar detta 580 fordon. Därtill återfanns den 17. pansarbataljonen (pansarbilsbataljon), som utgjordes av 12 bepansrade bilar. Den fördes till den 5. pansarbrigaden för att operera tillsammans med australierna.

Dessa enheter var tillräckligt starka för att garantera att man skulle kunna rycka fram mot Amiens yttre försvarslinje, men för att penetrera

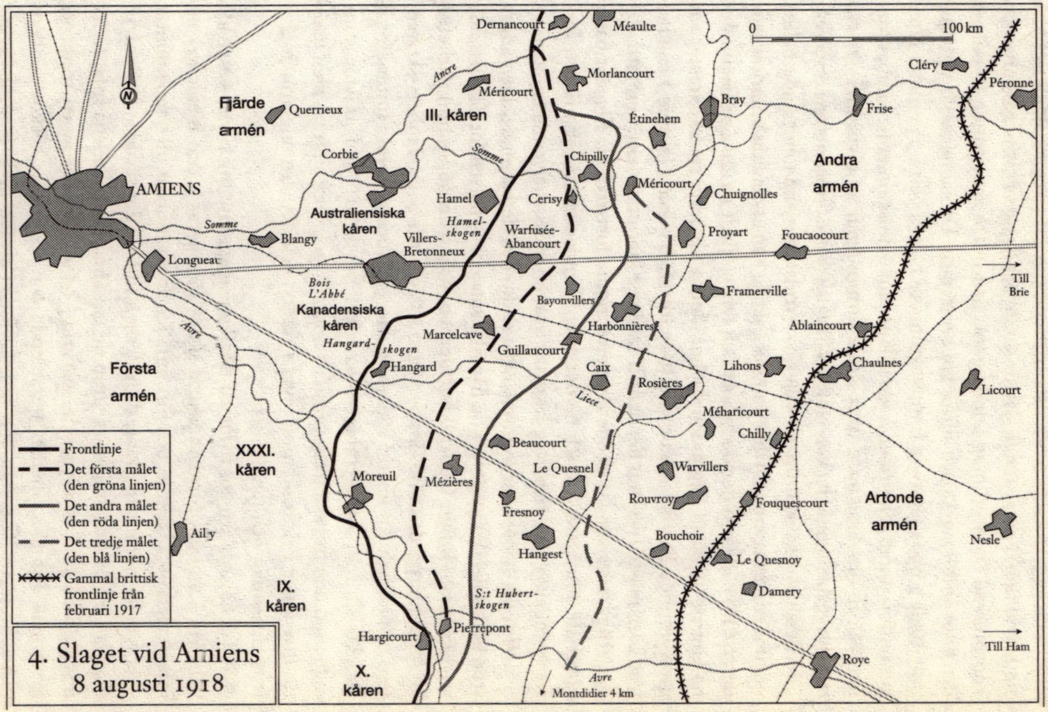

4. Slaget vid Amiens
8 augusti 1918

djupare fram till linjen vid Roye-Chaulnes den 9 augusti var slagkraften inte tillräckligt stor, eftersom alla divisioner och stridsvagnar skulle befinna sig i strid den 8 augusti och därför skulle behöva reorganiseras innan en koordinerad framryckning kunde göras den 9. De angripande styrkorna den 8 var alltför starka och alltför koncentrerade. Divisionernas frontlinjer omfattade 2 050 meter vid framryckningens början och 2 730 meter efter genomfört anfall. Om tiden hade tillåtit skulle dessa linjer ha kunnat förlängas, och om detta hade skett skulle förmodligen två divisioner och två stridsvagnsbataljoner ha kunnat föras över till de tre divisionerna i reserven. Om dessutom kavallerikåren och dess stridsvagnsbataljoner hade hållits utanför striderna fram till den 9 augusti, skulle fem utvilade infanteridivisioner, tre utvilade kavalleridivisioner och fyra utvilade stridsvagnsbataljoner ha kunnat fortsätta slaget den dagen. Denna fortsatta rörelse framåt var av avgörande betydelse eftersom man för att bibehålla kraften i anfallet inte bara måste riva upp fiendens frontdivisioner utan också upprätthålla oavlåtligt tryck för att fiendetrupperna skulle fortsätta fly. För det bästa sättet att desorganisera och demoralisera fienden är att sörja för att förstärkningarna som är på väg fram till fronten möts av flyende trupper.

Två tyska arméer var indragna, den andra och den artonde. Den andra stod under befäl av general von der Marwitz och i spetsen för den artonde stod general Hutier. General von der Marwitz front löpte från närheten av Méaulte, på den III. kårens vänstra flank, till Saint-Hubert-skogen, fem och en halv kilometer söder om Moreuil, och general Huiters front sträckte sig från Saint-Hubert-skogen till Noyon, där den strålade samman med den franska tredje arméns högre flygel. Den andra armén hade tio divisioner vid fronten och fyra i reserv, och den artonde armén elva frontdivisioner och fyra i reserv.

Vid den fjärde arméns front var taktiken en upprepning av vad som hade hänt vid Cambrai. Stridsvagnarna skulle grupperas 1 000 meter bakom infanteriets utgångslinje, och före anfallet, som var utsatt till tjugo minuter över fyra på morgonen, skulle de röra sig framåt under skydd av buller från flygplan till utgångslinjen, varifrån de vid anfallet skulle leda infanteriet framåt med stöd av krypande spärreld[10] som avfyrades av en tredjedel av arméns kanoner, medan återstående två tredjedelar besköt fiendens pjäsställningar. Eftersom den franska första armén hade få stridsvagnar skulle en stormeld bestryka de fientliga skyttegravarna och batterierna i

Specifikation över pansarfordon 8 augusti 1918

		Längd	*Vikt*	*Besättning*	*Bestyckning*	*Motor*	*Maxhastighet*	*Medelhastighet*	*Aktionsradie*[1]	*Spännvidd över hinder, dvs. skyttegravar*
Mark IV[2]	MALE[3]	8,05 m	28 ton	8 man	2×6-pdrs (57 mm) kanoner 4×Lewis-kulsprutor	105 hk	5,9 km/h	3,2 km/h	24 km	3,05 m
	FEMALE	8,05 m	27 ton	8 man	4×Lewis-kulsprutor	105 hk	5,9 km/h	3,2 km/h	24 km	3,05 m
Mark V	MALE	8,05 m	29 ton	8 man	2×6-pdrs (57 mm) kanoner 4×Hotchkiss-kulsprutor	150 hk	7,4 km/h	4,8 km/h	40 km	3,05 m
	FEMALE	8,05 m	28 ton	8 man	6 Hotchkiss-kulsprutor	150 hk	7,4 km/h	4,8 km/h	40 km	3,05 m
Mark V Star[4]	MALE	9,88 m	33 ton	8 man	2×6-pdrs (57 mm) kanoner 4×Hotchkiss-kulsprutor	150 hk	6,4 km/h	4 km/h	29 km	4,27 m
	FEMALE	9,83 m	32 ton	8 man	6 Hotchkiss-kulsprutor	150 hk	6,4 km/h	4 km/h	29 km	4,27 m
Medium Mark A		6,1 m	14 ton	3 man	4 Hotchkiss-kulsprutor	2×45 hk	13,4 km/h	8 km/h	64 km	2,13 m
Gun Carrier Tank Mark I[5]		9,14 m	34 ton	4 man	1 Lewis kulspruta	105 hk	4,8 km/h	2,8 km/h	24 km	3,5 m

[1] Aktionsradien är ungefärlig och berodde på markens beskaffenhet.
[2] Mark I–V* klassades som tunga stridsvagnar (*Heavy*), Mark A "Whippet" som medeltung (*Medium*). Faktagranskarens anmärkning.
[3] Britterna klassade de olika beväpningsvarianterna på stridsvagnar som *male* (hanne) och *female* (hona). Faktagranskarens anmärkning.
[4] Mark V Star kunde förutom besättningen även transportera 20 man.
[5] Gun Carrier Tank var ursprungligen konstruerad för att bära en 6-inch (15,2 cm) haubits eller en 60-pdrs (12,7 cm) kanon. Pjäsen var avbröstbar och hjul till lavetten medfördes av vagnen. Gun Carrier Tank och den modifierade Mark IV kunde transportera 10 ton förnödenheter.

45 minuter, varefter den XXXI. kåren skulle börja rycka fram. Den fjärde armén hade 800 flygplan till sitt förfogande och den franska första armén 1 104. Eftersom tyskarna före slaget bara hade 365 maskiner behärskade de allierade luftrummet. Förutom att upprätthålla luftherravälde under slaget hade RAF i uppgift att samarbeta med de anfallande trupperna, att bomba och kulsprutebeskjuta markmål, att förse framskjutna enheter med ammunition och att bomba järnvägsknutpunkter vid såväl Chaulnes, Roye, Nesle som Péronne samt att bomba broarna över Somme.

Kavallerikåren och den 3. pansarbrigaden fick i uppgift att vid första bästa tillfälle forcera den kanadensiska och australiensiska kårens frontinfanteri och säkra Amiens yttre försvarslinjer och hålla dessa ställningar tills de fick avlösning. De skulle därefter rycka fram i sydöstlig riktning mot Roye–Chaulnes, skära av fiendens kommunikationslinjer och underlätta fransmännens framryckning.

Det var en oerhörd uppgift och den utsattes för stark kritik av pansarkårens befälhavare och högsta stab, som menade att stridsvagnar och hästar inte kunde samarbeta på ett framgångsrikt vis, eftersom stridsvagnar var skottsäkra och hästar inte var det. Det framkastades att ett bättre sätt att hjälpa fransmännens framryckning var att hålla tillbaka de två bataljonerna med Whippet-stridsvagnar tills infanteriet och Mark V-stridsvagnarna hade brutit igenom, och sedan låta dem rycka fram mot Villers-Bretonneux mot Rosières, därefter svänga runt åt höger och svepa fram söderut på bred front genom den andra och artonde tyska arméns bakre trupper, och så småningom tränga fram sydöst om Montdidier. General Rawlinson ansåg att denna manöver var alltför våghalsig och man beslöt sig för att hålla fast vid ursprungsplanen.[11]

Planen vilade på att det hela hölls hemligt och att man uppnådde maximal överrumplingseffekt. Trupperna skulle inte underrättas om målet eller anfallsorder förrän 24 till 36 timmar före utsatt anfallstid. Alla förflyttningar skulle ske i skydd av nattmörkret. Rekognosceringspatruller förbjöds och artilleriet fick inte ägna sig åt kontrollskjutning för att hitta mål. Normala rutiner skulle iakttas. Kullerstensvägarna skulle beläggas med sand eller halm, förråd skulle kamoufleras och ett kraftigt luftförsvar skulle upprätthållas för att begränsa fiendens möjlighet att iaktta uppmarschområdet. Trots dessa försiktighetsåtgärder utförde tidigt på morgonen den 29 juli den 5. australiska divisionen – som då låg i sektorn norr om Somme – en enfaldig räd och tillfångatog 138 fångar. Den 6 augusti följde så tyskarnas fullt förutsägbara vedergällning. Den tyska 27. divisionen (Württemberg) drog igång ett våldsamt anfall längs en tre och en halv kilometer lång frontsträckning mot den III. kårens 18. och 58. divisionens inre flanker – som befann sig i frontställning – och trängde igenom 800 meter. Tyskarna tog 236 fångar. Detta anfall kullkastade den III. kårens förberedelser helt, vilket som vi kommer att få se fick allvarliga konsekvenser den 8 augusti.

Mellan den 29 juli och tidigt på morgonen den 8 augusti koncentrerades utan några som helst missöden fjorton infanteridivisioner, tre kavalleridivisioner, tre pansarbrigader och över 2 000 kanoner öster om Amiens längs en front om 16 kilometer och inom skotthåll från en intet ont anande fiende. Det var en organisatorisk och stabsmässig triumf.

Natten mellan den 7 och 8 augusti var mörk och stilla, men klockan tre på morgonen började en dimma stiga upp från marken, och när stridsvagnarna en liten stund efter fyra på morgonen lämnade sina utgångsställningar och förflyttade sig framåt genom infanteriet hade dimman blivit så tät att synligheten blivit så gott som obefintlig. Exakt 04.20 öppnade 2 000 kanoner eld med en dundrande kanonad. En stormeld av granater slog ner över Amiens yttre försvarsverk och fientliga pjäsställningar medan den krypande spärrelden slog ner 200 meter framför de främsta stridsvagnarna och det framryckande infanteriet och rörde sig framåt i språng om 100 meter med skov om tre minuter.

Trots att dimman tvingade de anfallande soldaterna att splittra upp sig i smågrupper, och inte tillät flyget att börja operera förrän vid klockan nio, var överrumplingen fullständig söder om Somme. På grund av dimman anfördes stridsvagnarna av den första skyttelinjen och därefter marscherade små kolonner på ett led med infanteri och ett stycke längre bak följde underhållet i kompanigrupper. Ingenmansland, som var ungefär 500 meter brett, korsades snabbt och fiendens första linje revs upp och tyskarna flydde i panik.

På högerflanken kom fransmännen igång sent, men när de väl började rycka fram togs tyskarna med överrumpling av denna förlängda front. Klockan halv tio på morgonen hade Moreuil intagits. Sedan inleddes ännu ett bombardemang, som pågick i tre timmar och tjugo minuter, och den franska IX. kåren, till höger om den XXXI. kåren, började rycka fram, men hejdades strax därefter vid Avre. Senare intog den XXXI. kåren Mézières, stannade sedan till i avvaktan på ytterligare bombardemang, och fortsatte framryckningen klockan halv sex på eftermiddagen. Ungefär klockan nio ockuperade denna kår Fresnoy, men den misslyckades med att inta Le Quesnel. Med tanke på att fransmännen hade ytterligt få stridsvagnar gjorde de tämligen bra ifrån sig: till en kostnad om 3 500 man i förluster tillfångatog de över 5 000 tyskar och erövrade 161 kanoner.

På vänstra sidan möttes samtidigt den III. kåren genast av en spärreld av gasgranater, vilket tvingade angriparna att rycka fram iförda gasmask, en mycket betungande uppgift. Men trots svåra förluster hade man klockan tjugo i åtta på morgonen på vissa platser nått fram till det första målet. Men därefter hejdades alla vidare framryckningsförsök, och resultatet blev att australiensarnas vänsterflygel söder om Somme utsattes för svår flankerande eld från fientliga ställningar i närheten av Chipilly. Att den III. kåren misslyckades med att fullgöra sin uppgift var till stor del – om inte helt – en följd av australiensarnas räd den 29 juli.[12]

På den kanadensiska fronten kunde de främre enheterna från 3., 1. och den 2. kanadensiska divisionen inta det första målet klockan kvart i åtta på morgonen, och det andra vid elvatiden, när den 4. kanadensiska divisionen nådde fram till fronten och övertog ansvaret för anfallet. Vid det laget var den tyska kanonelden tämligen svag, och det fientliga infanteriets flykt var så omfattande att många officerare som var närvarande ”ansåg att bepansrade fordon kunde ha tagit sig fram var som helst”.[13] Detta var sant, för såsom framgår nedan hade en stridsvagn turen att bryta sig loss från kavalleriet och den visade att detta stämde. Från det andra anfallsmålet sändes stridsvagnar av modellen Mark V Star[14] med uppsuttna kulsprutegrupper framåt tillsammans med den 4. kanadensiska divisionen för att ockupera det tredje målet. Samtidigt beordrades den 3. kavalleridivisionen och den 3. pansarbrigaden att tränga framåt och inta Rosières. Den avslutande kanadensiska framryckningen började tjugo i ett och halv fyra på eftermiddagen hade det tredje målet intagits längs hela fronten, förutom vid Le Quesnel. Tvivelsutan hade denna by också intagits om fransmännen inte uppehållits vid Fresnoy.

På den australiensiska fronten[15] svepte samtidigt den 2. australiensiska divisionen till höger och den 3. divisionen till vänster framåt, och tjugo i sju på morgonen hade de nått fram till det första anfallsmålet. Därefter gjorde man halt för att låta den 4. och 5. divisionen inta anfallsställning och tränga fram till de andra och tredje anfallsmålen. När dessa divisioner ryckte fram klockan tjugo över åtta på morgonen åtföljdes de av den 15. pansarbataljonen, och den 1. kavalleribrigaden och 16 stridsvagnar av modellen Whippet sändes i förväg, liksom den 17. pansarbataljonen (pansarbilsbataljonen), vars fordon hade bogserats över den brutna terrängen av stridsvagnar. Klockan kvart över nio intogs det andra anfallsmålet av den 5. divisionen, men till vänster fördröjdes den 4. divisionen av tyska pjäsställningar på höjden vid Chipilly och lyckades inte rycka fram till sitt mål förrän klockan halv elva. Den 5. divisionens främre enheter fortsatte framåt och nådde det tredje målet mellan klockan halv elva och elva, men än en gång försenades den 4. divisionen av tysk flankerande eld, och först efter svåra förluster i manskap och efter att ha förlorat flera av sina stridsvagnar lyckades divisionen inta sitt slutliga mål, bortsett från längst ut på vänsterkanten.

Under hela den kanadensiska och australiensiska framryckningen visade sig stridsvagnarna vara av yttersta värde när det gällde att betvinga fientliga kulsprutenästen. Men vid Cambrai var den huvudsakliga effekten moralisk. När tyskarna ställdes inför ett vapen som de inte kunde hejda, kände infanteriet sig vapenlöst och tog instinktivt till flykten. Anledningen till detta var inte att stridsvagnarnas kanoner eller kulsprutor mejade ner dem – eldgivningen var alldeles för ryckig för att åstadkomma något sådant – utan att stridsvagnarnas oavlåtliga framryckning skapade en känsla av obetvinglig makt. När stridsvagnarna ställdes mot artilleri blev situationen en annan, för under loppet av den dagen slogs 109 stridsvagnar ut av kanoneld.[16] Detta var ungefär 25 procent av den sammanlagda pansarstyrkan, en förlustandel som förblev tämligen konstant vid stridsvagnsinsatser för varje dag under återstoden av kriget. Men vad gällde stridsvagnens framtida roll var den mest lärorika lektionen den 8 augusti det fullständiga misslyckandet att åstadkomma samverkan mellan pansar och kavalleri.

Såsom hade förutsetts av pansarkårens generalstab visade sig kombinationen omöjlig. Vapenslagen kunde inte hjälpa varandra utan var tvärtom till hinder för varandra. Eftersom kavalleristerna kunde röra sig snabbare än Whippet-vagnarna hamnade dessa på efterkälken under framryckningen, och eftersom kavalleristerna inte kunde möta gevärs- och kulspruteeld avancerade stridsvagnarna till framskjuten ställning under anfallet. Resultatet var en ständig skyttelrörelse där stridsvagnarna ryckte fram, kavalleristerna retirerade och stridsvagnarna vände åter för att hämta kavalleristerna. Dessutom blev Whippet-vagnarna, eftersom de inte hade fått något bestämt mål, knappt något annat än bepansrade gerillafordon som angrep det ena tyska kulsprutenästet efter det andra. Trots att det den 8 inflöt entusiastiska skildringar av kavallerianfall[17] och insatser runt Rosières och Chaulnes, trängde ytterst få kavallerister fram förbi den blå linjen, även om de föste samman avsevärda mängder fiender som skurits av från sina enheter som en följd av den häftiga attacken. Långt innan skymningen hann falla var de tvungna att retirera för att vattna sina hästar, och Whippet-stridsvagnarna följde med!

Det stod klart att om den 3. och 6. pansarbataljonen hade åtföljts av infanteri i lastbilar, vilka – i likhet med pansarbilarna – kunde ha bogserats fram till den blå linjen av Whippet-vagnarna, och om infanteriet sedan hade avancerat till fots bakom stridsvagnarna, då skulle förmodligen den högländta terrängen runt Lihons och Chaulnes ha intagits under eftermiddagen den 8. Om detta område hade besatts skulle säkerligen alla de tyska styrkor som stod i vägen för den franska första armén ha retirerat, eftersom den enda järnväg som kunde förse den tyska andra och artonde armén med förnödenheter gick från Chaulnes, via Roye och söderut.

Två händelser under slaget stödjer denna tänkbara utveckling. Den första var de insatser som gjordes av den 17. pansarbataljonen (pansarbilsbataljonen) under befäl av överstelöjtnant E. J. Carter, och den andra var den insats som utfördes av den tidigare nämnda Whippet-vagnen som råkade skäras av från kavalleriet och utförde en räd på egen hand.

Den första händelsen inträffade efter att pansarbilarna hade bogserats till Warfusée–Abancourt – ett stycke väster om den gröna linjen – och utan andra trupper i följe ryckt fram mot Foucaucourt, drygt sex kilometer öster om den blå linjen, det tredje och slutliga anfallsmålet. De överrumplade ett tyskt högkvarter och skingrade försvararna. I skydd av denna förvirring svängde bilarna norr och söder om vägen Amiens–Brie. De som svängde söderut träffade på stora förnödenhetskolonner, uppsuttna officerare och hästdragna foror. Förmodligen hörde denna transportenhet till den tyska kårens högkvarter i Framerville. Tyskarna angreps på nära håll – fyra officerare sköts ner av en enda kulsprutesalva. Kort därefter nådde man fram till det tyska högkvarteret och den australiensiska kårens flagga hissades över huset som bara några månader tidigare hade varit stabsplats för den tyske kårbefälhavaren. Ungefär samtidigt fick en av bilarna syn på ett tyskt tåg längs järnvägen Amiens–Chaulnes och lyckades försätta det ur körbart skick. Senare erövrades tåget av kavalleriet.

De bilar som hade kört norrut trängde in i Proyart och Chuignolles; två fortsatte vidare mot Somme. Vid Proyart störde de tyska soldater mitt i maten: bilarna sköt mot dem och tyskarna flydde åt alla håll. Därefter körde de västerut och såg på avstånd mängder av fientliga trupper drivas bort ur sina skyttegravar av australiensarna. För att överrumpla tyskarna gömde sig bilarna i utkanten av Proyart och när tyskarna sedan kom närmare anföll de snabbt och sköt ner stora grupper fiender. Tyskarna skingrades framför bilarna i Proyart och gav sig iväg mot Chuignolles, men där möttes de av andra bilar och blev återigen beskjutna och skingrades. Nära Chuignolles fick en bil möjlighet att ”öva skytte mot rörligt fordon” när den besköt en tysk trupptransportbil fram tills denna åkte i diket. Andra bilar följde efter tyska fordon utan att bli misstänkta tills de öppnade eld på nära håll.

Trots att över hälften av pansarbilarna hade försatts ur stridbart skick vid kvällen den 8, hade ingen av besättningsmedlemmarna ådragit sig tillräckligt allvarliga skador för att behöva evakueras.

Den andra händelsen var lika dramatisk. ”Musical Box” var en Whippet-vagn från B-kompaniet i 6. pansarbataljonen. Befälhavare var löjtnant C. B. Arnold. På morgonen den 8 körde den fram genom den 2. australiensiska divisionen, körde parallellt med järnvägen Amiens–Brie, och förlorade kontakt med sitt åtföljande kavalleri. Den första stridskontakten inträffade mellan Warfusée-Abancourt och Bayonvillers, där man angrep en tysk pjäsställning bakifrån och slog ut den. Därefter körde stridsvagnen vidare mot Guillaucourt, avancerade österut längs järnvägen och hjälpte två kavalleripatruller, och när den sedan närmade sig Harbonnières öppnade den eld mot en fientlig enhet som höll på att packa persedelpåsar och dödade 60 soldater. Därefter, på avstånd som varierade mellan 200 och 600 meter, öppnade den eld mot retirerande tyskar och efter att ha beskjutit flera förnödenhetskolonner fattade stridsvagnen eld och försattes ur stridbart skick.[18]

Den förvirring som åstadkoms av dessa tolv pansarbilar och en Whippet-vagn var fenomenal, och om den ska utökas med antalet Whippet-vagnar som sattes in i striderna den 8 är det förmodligen ingen överdrift att påstå att om dessa hade kraftsamlats runt Chaulnes skulle de ha underminerat hela den tyska ledningsstrukturen och administrationen från Albert till Montdidier och från Montdidier till Noyon, en front om ungefär åtta mil.

Trots denna försuttna möjlighet var slaget den 8 augusti den största allierade framgången sedan Marne. Till en kostnad av ungefär 12 000 man hade de två anfallande arméerna dödat och sårat 13 000 tyskar, tillfångatagit 15 000 soldater och erövrat 400 kanoner samt trängt rakt igenom den tyska fronten. Allt som återstod för de allierade var att följa upp den initiala framgången med obeveklig beslutsamhet.

Men detta var något man inte hade förberett sig för. Dessutom inbjöd det gamla slagfältet vid Somme till skyttegravskrig, inte mobil krigföring. Trots att stridsvagnen hade utformats som ett skyttegravsforcerande vapen låg dess verkliga styrka i mobil krigföring, och även om 300 stridsvagnar fortfarande var funktionsdugliga var de besättningar som deltagit i slaget helt utmattade, och alla stridsvagnar som varit insatta i strid krävde reparationer samt ammunition och bränsle. Resultatet var att endast 145 stycken var stridsberedda den 9. Som en följd av att Ludendorff inte ville retirera till Hindenburg-linjen – vilket antagligen hade varit den förnuftigaste strategin – iltransporterades samtidigt sex tyska reservdivisioner fram till fronten för att förstärka den andra och artonde armén. Dessutom var ytterligare sju divisioner reservtrupper på väg.

I sin dagorder den 9 augusti gav general Rawlinson den fjärde armén i uppdrag att rycka fram till linjen Roye–Chaulnes–Bray-sur-Somme–Dernancourt, medan fransmännen skulle avancera till Roye. Men som hans stabschef skriver: ”På grund av sambandsproblem och av andra orsaker påbörjades emellertid inte några betydande truppförflyttningar förrän klockan elva på förmiddagen, och hos vissa brigader inte förrän klockan ett på eftermiddagen. Detta resulterade i att striderna blev mycket sönderstyckade under hela dagen eftersom olika divisioner och brigader påbörjade sina anfall vid olika tidpunkter. Några av angreppen fick artilleriunderstöd, andra genomfördes av infanteri utan stöd av andra vapenslag.”[19] Dessutom visade det franska anfallet på högerflygeln föga kraft.[20] När skymningen föll hade emellertid fronten förflyttats framåt till den ungefärliga linjen Bouchoir–Rouvroy–Méharicourt–Framerville–Méricourt–Dernancourt.

På natten mellan den 9 och 10 augusti beordrades den australiensiska kåren att förlänga sin vänstra front norr om Somme, och den 32. divisionen flyttades fram för att ge understöd åt den 3. kanadensiska divisionen. Den

10 augusti fick de tre brittiska kårerna samma mål uppsatta som hade gällt också föregående dag.

Den 10 augusti utsträcktes stridslinjen av den franska tredje armén till höger om den första armén, som nu anslöt sig till offensiven. Liksom den 9 augusti förekom föga samordning längs den fjärde arméns front och brigaderna rörde sig framåt i etapper. Det tyska motståndet hade hårdnat betydligt, och fler reservdivisioner slängdes in. På den franska första och tredje arméns fronter gick framryckningen snabbt beroende på att den tyska artonde armén nu retirerade, men längs den fjärde arméns front lyckades den kanadensiska kåren inte tränga fram mer än tre kilometer. Australiensarna mäktade inte ens så långt, men den III. kåren lyckades nå sina mål för första dagen.

Det var uppenbart för Haig och Rawlinson att offensiven längs hela den fjärde arméns front hade tappat kraft, och tidigt på morgonen den 10 augusti skickade Haig – för att avbryta anfallet och flytta tyngdpunkten längre åt norr – en stabsofficer till general sir Henry Horne, som hade befäl över den brittiska första armén. Tanken var att påskynda en operation som redan hade utarbetats för att inta La Bassée och höjden vid Aubers i samband med att den andra armén ryckte fram mot Kemmel och den tredje armén mot Bapaume.

En kort tid efter att dessa order hade skickats iväg kom marskalk Foch fram till Haigs framskjutna högkvarter i Wiry med ett direktiv att låta förlägga offensivens tyngdpunkt österut i riktning mot Ham. Eftersom detta skulle innebära att man fullföljde ett frontalanfall av utmattningskaraktär mot allt större odds, föreslog Haig att man skulle slå av på takten i offensiven öster om Amiens, medan hans första och andra armé gjorde sig beredda att förflytta offensiven till sir Julian Byngs tredje armé, som låg i ställning vänster om den fjärde, för att angripa den tyska högerflanken mittemot den fjärde armén och den franska första armén. Foch var övertygad om att tyskarna var så demoraliserade att de knappast skulle förmå hejda framryckningen. Han hade kommit fram till denna slutsats på grund av att den franska första och tredje armén vid den tidpunkten knappt mötte något motstånd. Det verkar som om han var omedveten om att den tyska artonde armén och delar av den andra armén hade slagit till reträtt. Det verkar som om inte heller Haig kände till detta, och mer eller mindre övertygad av Foch beordrade han att direktivet skulle genomföras – till Rawlinsons stora irritation.

På kvällen den 10 augusti fick den III. kåren i fjärde armén order om att förhålla sig defensiv under den 11 augusti medan den kanadensiska och australiensiska kåren trängde fram mot Somme mellan Ham och Péronne och upprättade brohuvuden på dess högra strand. Samtidigt skulle den första franska armén på den vänstra flygeln inta Ham.

Den 11 augusti blev det uppenbart att båda Haig och Rawlinson hade haft rätt och att Foch hade missbedömt situationen. ”Beroende på tilltagande fientlig artillerield, bristen på stridsvagnar och tillräckligt eldunderstöd”, skriver general Montgomery, ”ställdes kanadensarnas attack in av sir Arthur Currie tidigt på morgonen den 11 augusti.”[21] Efter svåra strider intog australiensarna Lihons och ungefär vid tolvtiden på dagen satte tyskarna efter tungt bombardemang in en rad kraftiga motattacker mot Chilly och mellan Damery och Fouquescourt längs den gamla brittiska frontlinjen från februari 1917. Även om alla dessa angrepp tillbakavisades, var de ett tydligt tecken på att det var dags att avsluta slaget.

Klockan tre på eftermiddagen höll Rawlinson en konferens med kårbefälhavarna vid Villers-Bretonneux, där man bestämde att skjuta upp alla offensiva operationer fram till den 15 augusti, och den 12 augusti drogs kavallerikåren tillbaka till reserven.

Sålunda avslutades officiellt slaget vid Amiens. Men när Haig besökte Foch vid Sarcus den 14 augusti, ville Foch att man skulle angripa fienden längs fronten vid Chaulnes–Roye. Haig skriver i sin dagbok:

> Jag tillät inte denna framstöt eftersom anfallsmålet skulle kosta oss stora förluster i manskap och stridsvagnar … Jag var mycket uppriktig mot Foch och lät honom förstå att *jag bar ansvaret inför min regering och mitt lands medborgare för hur de brittiska styrkorna användes*. Fochs inställning förändrades genast och han sade att det enda han ville var att på ett så tidigt stadium som möjligt informeras om mina avsikter … Men oaktat den hållning han nu intog, hade Foch och hans stab under de senaste fem dagarna med stor envishet krävt att jag skulle låta sätta in en stöt längs södra stranden och inta broarna över Somme ovanför Péronne, helt utan hänsyn till det tyska motståndet och brittiska förluster.[22]

Förlusterna under slaget vid Amiens fördelade sig sålunda: fransmännen 24 232, britterna 22 202 och tyskarna ungefär 75 000. Fransmännen tillfångatog 11 373 män och erövrade 259 kanoner och britterna 18 500 män och 240 kanoner. Sett till antal döda och sårade var de allierade och tyska förlusterna mer eller mindre identiska.[23]

Trots att varken Foch eller Haig insåg hur avgörande slaget hade varit, räckte händelserna den 8 augusti till fullo för att övertyga inte bara de tyska generalerna utan också deras soldater om att slaget hade varit en katastrof. Medan generalerna redan var i full färd med att förbereda en våroffensiv, som inbegrep flera tusen stridsvagnar, erkände general Ludendorff att den 8 augusti var "den svartaste dagen för tyska armén under hela kriget".[24] Detta var heller inte en inställning som han var ensam om. Författaren till den officiella tyska monografin över detta slag beskriver situationen denna ödesdigra dag på följande vis: "När solen gick ner över slagfältet den 8 augusti var den största förlust som den tyska armén lidit sedan kriget började ett faktum."[25] Denna skrivning var inte bara krank eftertanke formulerad i fredstid: det var de känslor som grep omkring sig vid själva tidpunkten. Som general von Cramon, tysk sambandsofficer vid det österrikiska högkvarteret, skriver: "Händelseutvecklingen på västfronten hade en förödande inverkan på Österrike. Tron att Tyskland skulle kunna åstadkomma ett mirakel var så djupt rotad hos det österrikiska folket att besvikelsen träffade dem som en slägga. Också kejsaren blev djupt skakad. Han lät kalla på mig och berättade att förlusten vid Piave inte hade påverkat hans folk lika djupt som situationen på västfronten."[26]

Den uppfattning som nästan alla anslöt sig till var att den tyska förlusten kunde förklaras med att de allierade satt in stora mängder stridsvagnar. Men även om stridsvagnen hade haft en viktig roll i det tyska nederlaget, hade utgången knappast haft större inverkan än slaget vid Cambrai om det inte hade funnits djupare skäl.

Av de många skälen till det tyska sammanbrottet var blockaden det viktigaste. Om det inte hade varit för vetet från Rumänien och Ukraina hade centralmakterna svälts till kapitulation sommaren 1918. Men trots denna tillförsel av förnödenheter utifrån levde folket i centralmakterna på svältgränsen och i takt med att hungern tilltog sjönk modet. Och även om den tyske soldaten fick mer mat än sin civile motsvarighet, fick sig hans moral en allvarlig törn av insikten att alla offensiver som man hade genomfört sedan den 21 mars hade varit meningslösa, och att resultatet blivit en defensiv utan hopp om efterföljande offensiv. Med tanke på att den tyske soldaten var klämd mellan sin svältande familj och en hopplös framtid, är det inte att undra på att de retirerande trupperna, såsom Ludendorff antecknade under slaget, skrek åt förstärkningarna som var på väg fram till fronten: "Förrädare, ni bara förlänger kriget!"[27]

Detta var den dystra bakgrund för den tyska moralen mot vilken stridsvagnen avtecknade sig i all sin kraft. Sir James Edmonds påpekar helt riktigt att stridsvagnens materiella inverkan var liten, men på grund av dess konsekvenser för moralen – skriver han – "har det legat nära till hands för tyskarna att förklara sitt nederlag på slagfältet med stridsvagnen. Men det är en ursäkt som inte håller streck."[28] Sir James Edmonds missar dock en viktig poäng, som överste Brackenbury såg så tydligt 40 år tidigare: "Moralisk effekt är det mål som eftersträvas under ett slag." Det var inte stridsvagnens dödsbringande förmåga som fick författaren till den tyska monografin att kalla slaget "Die Katastrophe des 8. August, 1918", utan den skräck som vapnet ingöt. Stridsvagnen initierade inte det slutliga tillbakadragandet utan den initiala flykten. Utan stridsvagnen hade man inte lyckats uppnå någon överrumpling jämförbar med den som åstadkoms på morgonen den 8 augusti, och det var angreppets plötslighet som utlöste paniken. Dessutom bidrog infanteristens känsla av yttersta maktlöshet när han ställdes inför en antagonist som varken gevär eller kulsprutor bet på instinktivt till att han överdrev faran för att inför sig själv försvara att genast kapitulera eller ta till flykten.

De tyska massmedierna fylldes med dessa överdrifter. Som ett exempel skrev baron von Ardenne i *Berliner Tageblatt:* "Ett stridsvagnsangrepp är någonting både djupt skakande och demoniskt. Blotta åsynen skulle göra den vidskepliga skräckslagen … i det slag som nu rasar använde fienden 500 bepansrade monster. Förutom dessa fanns flera Whippet-vagnar som forcerade våra linjer snabbare än ett expresståg." (!) I en order från den tyska andra armén av den 25 augusti kan vi läsa: "Oroliga mannar [vilket vill säga varenda soldat som utsätts för beskjutning] såg överallt skvadroner av stridsvagnar, mängder av kavalleri och täta led av infanteri." En tysk fånge sade: "Snart räckte det med blotta åsynen av en stridsvagn för att officerarna och männen skulle låta bli att slåss. Deras pliktkänsla bjuder dem att slåss mot infanteri, men om det dyker upp en stridsvagn anser många att det är helt befogat att kapitulera."[29] Liknande psykologiska reaktioner var vanliga också under andra världskriget.

Ludendorff förstod mycket väl vad för slags situation stridsvagnen skapade. Han skriver:

> Allt som jag har fruktat, och som jag så ofta har varnat för, hade här, på en plats, blivit verklighet. Vår krigsmaskin var inte längre effektiv. Vår stridsvilja hade mattats av, även om det stora flertalet av våra divisioner fortfarande slogs heroiskt.
>
> Den 8 augusti visade med eftertryck att vår förmåga att bjuda motstånd snabbt urholkades och i en sådan situation och med tanke på tillgänglig reserv, hyste jag inget hopp om att hitta en strategisk framkomlig väg för att vända situationen till vår fördel. Tvärtom blev jag övertygad om att vi nu saknade trygg grund för generalstabens planer, vilka jag dittills kunnat utgå från, åtminstone dithän som detta alls var möjligt i detta krig. Besluten antog nu, vilket jag då konstaterade, karaktären av ett ansvarslöst risktagande, något som jag alltid har betraktat som ödesdigert. Det tyska folkets öde var en alltför hög insats att våga riskera. Det var av nöden att få slut på kriget.[30]

Den 11 augusti lät den tyske kejsaren kalla arméns högre chefer till konferens vid Avesnes, Hindenburgs högkvarter. Här yttrade kejsaren de historiska orden: ”Vi måste finna en medelväg. Vi har nästan uttömt all vår motståndskraft. Kriget måste få ett slut.”[31] Två dagar senare samlades ytterligare en konferens vid Spa, där Ludendorff gick igenom den militära situationen och förklarade att ”det inte längre var möjligt att tvinga fienden att söka fred genom att iscensätta en offensiv”, och ”eftersom defensiven ensam knappast kan nå detta mål ... måste kriget finna sitt slut på diplomatisk väg”. Kejsaren gav utrikesministern Paul von Hintze i uppdrag ”att inleda fredsförhandlingar, om möjligt genom drottningen av Nederländerna”.[32]

Under tiden hade explosionen den 8–11 augusti utlöst ”världskrigets sista slag”, som Ludendorff kallar det: en serie anfall riktade mot de två sidorna i den stora utbuktningen i väster. På grund av dessa händelser återvände man till den strategi som marskalk Joffre förespråkat.

Den 20 augusti öppnades slaget samtidigt av den franska tionde och tredje armén mellan Soissons och Roye och av den brittiska tredje armén norr om Albert. Genast härefter förlängdes fronten söder om Somme av den brittiska fjärde armén. I snabb följd avlöste slagen varandra, och den 12 september anslöt sig den amerikanska första armén till de stridande och började mala sönder utbuktningen vid Saint-Mihiel. Kriget på västfronten hade inträtt i sin sista fas: för att använda Fochs uttryck var parollen fram till den 11 november: ”Alla till slagfältet.”

Den 26 september angrep den amerikanska första armén och den franska fjärde armén mellan Meuse och Reims. Den 27 september gick den brittiska tredje och första armén till anfall mellan Épehy och Lens. Den 28 september var det så dags för den brittiska andra armén, den belgiska armén och den franska sjätte armén att stöta fram från Armentières mot Engelska kanalen. Och den 29 september ryckte den franska första armén och den brittiska fjärde armén fram mellan La Fère och Épehy. Samtidigt forcerades Balkanfronten i Makedonien av de allierade under general Franchet d'Espèrey och Bulgarien utbad sig om vapenvila. Den 19 september inleddes slaget vid Megiddo av general sir Edmund Allenby, Damaskus intogs den 1 oktober och den 30 oktober hade Turkiet lämnat kriget.

Den 28 september klockan sex på eftermiddagen trädde en besegrad Ludendorff in i fältmarskalk Hindenburgs rum och föreslog att det var dags att man skulle få till stånd ett vapenstillestånd. ”Vi trodde aldrig att vi skulle tvingas avstå något territorium i öster”, skriver han, ”då vi var av den åsikten att ententen skulle vara fullt införstådd med de bolsjevikiska faror som hotade både dem och oss.”[33] Men här hade han fel. Den 5 oktober accepterades president Wilsons fjorton punkter som utgångspunkt för fredsförhandlingar.

Redaktörens sammanfattning

De sista stadierna av första världskriget förtjänar en något mer uttömmande framställning än vad Fuller ger dem ovan. Betydelsen av slaget vid Amiens är självfallet oerhörd. Ludendorff kallade händelsen ”den värsta händelse som jag varit med om”. Slaget markerar hur som helst det ögonblick då den tyska viljan att segra började falla sönder, och i fråga om detta är det värt att citera den officielle brittiske krigshistorikern brigadgeneral sir J. E. Edmonds: ”Alltså började Tysklands sammanbrott inte i flottan, inte i hemlandet, inte på någon av de mindre krigsskådeplatserna, utan på västfronten som en följd av nederlaget på slagfältet.”

Det var en nationell katastrof – ja, till och med en katastrof för hela världen – att denna slutsats bjöd den brittiska regeringen emot, eftersom den var försvuren till ”undvikandets strategi”. Alltså förmådde man inte till fullo inse att kriget nu gick mot sitt slut eller dra fördel av den stora brittiska insatsen. Amiens var bara början av vad som måste räknas som den största, mest ihållande och framgångsrika brittiska offensiven i historien. Åtta stora segerrika slag utkämpades av britterna under Haig i snabb följd fram till vapenvilan.[1] Den sammanlagda effekten innebar att tyskarna inte fick någon respit och klimax nåddes med stormningen av Hindenburglinjen den 27–29 september, vilken förorsakade den tyska generalstaben att begära ett omedelbart vapenstillestånd, och utfallet kan avgöras med hjälp av tabellen på nästa sida.

Bortsett från de respektive nationernas insatser, berättar de tyska förlustsiffrorna sin egen historia: 385 000 fångar (förutom det stora antalet dödade och sårade) och förlusten av över 6 600 kanoner (nästan hälften av artilleriet) avslöjar en förödande förlust på slagfältet som propagandan

8 augusti – 11 november

Armé	*Fångar*	*Erövrade kanoner*
Storbritannien	188 700	2 840
Frankrike	139 000	1 880
USA	43 200	1 421
Belgien	14 500	474
	385 400	6 615

efter kriget aldrig skulle ha fått lov att dölja. Men de respektive nationernas insatser var också viktiga eftersom de visar att Storbritannien var berättigat till en mycket starkare militär röst i vapenstilleståndet och fredsförhandlingarna än vad man i själva verket fick. Sannolikt skulle britterna i så fall ha krävt ett större mått realism och förnuft än vad som förfäktades av de politiska röster som dominerade förhandlingarna. Fuller har emellertid en egen intressant och inträngande sammanfattning av krigets effekter, som förtjänar att citeras:

> Det inflytande som det första av världskrigen hade på förlorarna respektive segrarna, och därigenom på historien, var omvälvande. Större delen av det Europa som vuxit fram under tusen år slogs sönder och balansen mellan nationerna krossades. Tre stormakter krossades. Tyskland hamnade i en avgrund av ekonomisk ruin och stora stycken längs gränserna amputerades: Elsass–Lothringen återlämnades till Frankrike och delar av Schlesien och Posen tillföll ett återuppväckt Polen. Ryssland upphörde att vara ett kristet land och Marx autokrati ersatte tsarernas autokrati. Det österrikisk–ungerska kejsardömet splittrades i ett gytter av kivande stater som saknade ekonomisk grundval, och Turkiet krympte nästan ihop till det ursprungliga sultanatet Rum. Inte heller för segrarna gick det särskilt bra. Frankrike, som barskrapats på resurser, förpassades till en demoraliserad andraplansnation; Storbritannien, som före kriget var världens bankir, förvandlades till en skuldsatt nation, och *Pax Britannica* ersattes av Nationernas förbund – en bluff i stället för en verklighet. USA fick finna sig i att betala för kriget som man så blint trätt in i för att lösgöra

sig från konsekvenserna som man misslyckats med att förutse. Japan, som hade spelat en underordnad roll, var det enda land som stärktes av kriget. Det japanska kejsardömet blev större och kriget innebar att Japan nu erövrade en framträdande roll i Fjärran Östern och västra Stilla havet. Detta var följden av totalt misslyckad statsmannakunskap.

Av alla dessa katastrofer var den ryska revolutionen och införandet av Nationernas förbund i stället för *Pax Britannica* – Wilsons version av en Sovjetinspirerad värld – historiskt sett de mest ödesdigra. Eftersom bolsjevikernas mål var världsrevolutionen, och Förenta nationernas syfte världsfred, och eftersom det inte fanns någon kraft som kunde medla mellan dessa uppfattningar, splittrades världen ideologiskt genom en politisk manikeism – det var inte en kamp mellan ljuset och mörkret, utan mellan en värld som anförtrodde sig åt amerikansk demokrati och en värld som försvor sig åt rysk autokrati. Detta innebar en omkastning av Clausewitz sentens att kriget är en fortsättning av politiken. Med andra ord ledde bägge dessa politiska system eftersom de hade globala anspråk på att världen skulle försättas i ett krigsliknande tillstånd.

Även om *Pax Britannica* inte hade förhindrat att kontinentalkrigen utbröt, hade denna situation hejdat att dessa krig fick världsomspännande dimensioner och hade därigenom spelat rollen som internationell skiljedomare. Och trots att *Pax Britannica* undergrävdes av kriget, var det på grund av det klumpiga statsmannaskap som lades i dagen av Storbritannien och USA som kriget kom att sprida sig till hela världen. Denna klumpighet är värd att se närmare på eftersom slutet för *Pax Britannica* var en lika katastrofal historisk händelse som slutet för *Pax Romana*.

När Shakespeare i *Richard II* jämför England med "det fäste, som naturen byggt sig själv / Mot pesters smitta, som mot krigets hot", och kallar England för "En ädelsten, i silverhavet fäst, / Som tjänar den till obetvinglig mur", sammanfattar han grundvalen för *Pax Britannica*. Och när Napoleon menade att "England aldrig kan bli en kontinentalmakt och kommer att gå under i försöket att erövra den ställningen", gjorde han ingenting annat än gav ytterligare eftertryck åt Shakespeares sentens. I korthet dikterades Englands utrikespolitik av havet, och av de brittiska statsmännen var det Chatham som såg detta tydligast. Han insåg att Englands möjlighet att vinna allt större styrka låg i att utvecklas som kolonialmakt och inte som kontinental stormakt.

Canning förstod också vad det handlade om. "Jag säger inte (Gud förbjude!)", tillkännagav han, "att det inte är Storbritanniens plikt att skydda vad som kallas för maktbalansen och hjälpa de svaga mot de starka.

Jag säger tvärtom, att det är Storbritanniens bjudande plikt, men jag menar också att vi måste vinnlägga oss om att göra vår egen plikt. Det första villkoret för att träda in i ett krig ... är att kriget måste vara rättvist; det andra är att om kriget är rättvist, kan vi också rättvist delta i det, och det tredje ... att vi kan intervenera utan förfång eller skada för oss själva."[2]

Disraeli förstod också: "Att England avstår att onödigtvis lägga sig i vad som händer på den europeiska kontinenten är en konsekvens av att vår makt stärkts, inte ett tecken på att vår makt skulle ha försvagats. England är inte längre blott en europeisk makt: England är centrum för ett stort sjöfartsimperium som sträcker sig till den bortersta oceanens yttersta del. Anledningen till att England nu nästan systematiskt undviker att lägga sig i vad som händer på den europeiska kontinenten är inte apati; så fort Englands ställning så kräver kommer vi lika kvickt och villigt som fordom att blanda oss i."[3]

Winston Churchill lät sig i inledningen av sin politiska karriär styras av samma tankegång. När försvarsfrågan debatterades i underhuset den 13 maj 1901 sade han: "Medan alla europeiska länder måste vinnlägga sig om att hålla en stor armé i beredskap, kan vi på denna lyckliga ö tack vare vårt geografiska läge slippa denna börda och i stället koncentrera oss på vår flotta. Varför skulle vi avstå från en tävling vi kommer att vinna för att delta i en tävling vi skulle förlora?"[4]

Trots denna oerhörda initiala blunder – att Storbritannien av egen kraft lämpade *Pax Britannica* över bord – skulle förmodligen kriget, under förutsättning att USA inte hade slutit upp på de allierades sida, ha avslutats med en förhandlingsfred 1917 och Europa skulle ha sluppit alla de katastrofer som blev en följd av den amerikanska utvidgningen. Därför var den 6 april 1917 utan något som helst tvivel den svartaste dagen i Europas moderna historia. Trots att president Wilson förutsåg de katastrofala konsekvenserna av ett amerikanskt inträde i kriget insåg inte hans propagandaförryckta folk att USA:s makt potentiellt var så stor att så länge som landet avstod från att delta i kriget, kunde man fungera som en medlande länk i världen. De lyckades inte heller inse att även om USA:s inträde i kriget förmodligen skulle avgöra utgången, fanns ingen nation kvar som kunde medla när väl freden infann sig.

Hade det inte varit för propagandans väldiga bläckfisk, vars tentakler grep tag om Wilson som i ett skruvstäd, hade han säkerligen inte övergivit den utrikespolitik som Washington 1794 skisserade för guvernör Morris, och som sedan dess steg för steg gjort USA allt starkare.

”Freden”, sade han, ”har varit mitt rättesnöre sedan oroligheterna i Europa först började. Min politik har varit, och kommer att förbli så länge som jag har äran att få inneha detta ämbete, att upprätthålla vänliga men självständiga relationer med alla nationer på jorden; att inte delta i några konflikter, att fullgöra våra egna skyldigheter och att se till allas behov. För jag är fullt och fast övertygad om att det ligger i vårt intresse att hålla fast vid den kursen. Ingenting annat än självrespekt, och den rättvisa som är oundgänglig för nationalkaraktären, borde få lov att dra in oss i ett krig.”[5]

Den mest bestickande katastrofala följden av kriget var att Wilson inte fäste något avseende vid dessa ord: denna återverkning tornade upp sig över allting annat, inklusive den ryska revolutionen, eftersom hans krigspolitik gjorde Europa så mottagligt för bolsjevismens smitta. Vad han inte insåg var att när USA väl blandat sig i kriget fanns endast en framkomlig väg för att hejda smittan och det var att rädda vad som återstod av den europeiska stabiliteten: att hålla vacklande regeringar under armarna, att hålla fast vid gränserna från 1914, att lägga in veto mot alla territoriella anspråk och att bekämpa revolutionen genom att ge ny kraft åt de existerande europeiska regeringarna och helt undvika att försvaga dem.

Ända sedan Karl den stores dagar, som skapade ett bålverk i öster för att skydda kristendomen mot slaver och andra barbarer, hade de tyska folken varit sysselsatta med att skapa två stora bastioner – den norra fick så småningom sin mittpunkt i Brandenburg–Preussen och den södra i Österrike – som värn mot Asien. Wilson föresatte sig att försvaga den norra bastionen genom att vägra att förhandla med Vilhelm II och dennes regering om något annat än villkorslös kapitulation, och den södra bastionen förstörde han fullständigt trots historiens diktat.

Den 17 oktober 1805, ett par veckor före slaget vid Austerlitz, skrev Talleyrand till Napoleon: ”Den österrikiska monarkin är en kombination av omaka stater. En sådan nation är nödvändigtvis svag, men utgör ett tillräckligt starkt – och nödvändigt – bålverk mot barbarerna [ryssarna]. I framtiden kommer Habsburg att stå med ryggen mot Europa med framsidan mot öster, och därigenom skydda västerlandets civilisation mot Rysslands aggression.” Och 1848 skrev den tjeckiske historikern František Palanký: ”Om Österrike inte existerade skulle vi bli tvungna att uppfinna landet. Sönderfallet av den österrikiska staten i små republiker skulle vara en inbjudan till tysk och rysk imperialism.”[6]

Vad Wilson inte insåg var att, såsom den österrikiska konstituerade församlingen formulerade det, det gamla Österrike var ett oförväget försök "att förena monarkins alla nationer och raser i en stor politisk enhet", och att under Frans Josef lärde sig nio olika nationaliteter att leva sida vid sida. Även om de inte älskade varandra, respekterade de åtminstone varandra och kämpade som en förenad armé. I stället lyssnade han på emigranternas röster, och då i synnerhet på T. G. Masaryk – den blivande tjeckoslovakiske presidenten – och förleddes att tro att Habsburgmonarkin var en reaktionär kvarleva från medeltiden och fångvaktare för ett antal förslavade folk.

Enligt R. W. Seton-Watson, som var nära vän med Masaryk, lyckades Wilson med sin notväxling under slaget vid Vittorio Veneto "tillintetgöra Wiens och Budapests försvar, kullkasta kejsarens projekt att åstadkomma en österrikisk federation samt frånta honom och hans regering möjligheten att inkludera Tjeckoslovakien och Jugoslavien som en viktig beståndsdel i den nya uppgörelsen. Dubbelmonarkin föll samman inför trycket från Wilsons diplomati ... ingen faktor bidrog mer till detta resultat än presidentens åskviggar.[7]

Förutom klumpigt statsmannaskap bidrog denna gång militär fumlighet till de många katastrofer kriget resulterade i. Det var det taktiska dödläget vilket, såsom Bloch hade förutsett, följde på den initiala framryckningen och, som han hade förutspått, ledde fram till ett slutligt avgörande genom svält, ekonomisk ruin och den samhälleliga ordningens sammanbrott.

Om inte dödläget hade infunnit sig skulle blockaden aldrig ha varit effektiv, och det var de allierades blockad – alltså militär makt till sjöss och inte till lands – som slutligen bröt ryggen på fienden. Blockaden drabbade varje man, kvinna och barn, varje fabrik och varje bondgård i de fientliga områdena. Endast om centralmakterna vid begynnelsen hade lyckats penetrera fiendens front – alltså hade lyckats beröva blockaden dess effektivitet – och därigenom förlängt sina försörjningslinjer, skulle blockaden ha kunnat brytas. En parallell var hur de allierade lyckades betvinga tyskarnas motblockad i form av ubåtsvapnet genom konvojsystemet. Under blockadens sista två år har man beräknat att 800 000 icke-stridande dog i Tyskland som en följd av svält eller sjukdomar direkt kopplade till undernäring – ungefär femtio gånger fler än vad som drunknade som en följd av tyska ubåtsangrepp mot brittiskt tonnage.[8]

Krigets karaktär var lika omvälvande som dess resultat, och detta berodde främst på den ständigt stegrade användningen av propaganda. Moraliska betänkligheter och vanlig anständighet lämpades över bord, och i detta avseende skilde sig kriget betydligt från förhållandena under

Napoleonkrigen och det fransk-tyska kriget, där de stridande parterna rent generellt vinnlade sig om att inte uppamma revolutionära stämningar.[9] Att använda sig av förmenta övergrepp som ett vapen blev allmänt förekommande, och ju mer kriget drog ut på tiden desto tydligare gick lättrogenheten och grymheten i dagen tills allt förnuft gått förlorat i en primitiv djuriskhet, en ursinnig och hysterisk föresats att skada fienden på varje tillgängligt vis oavsett om det var aldrig så gement och fördömligt.

När James Duane Squires skrev om den brittiska propagandans effekt på det amerikanska folket mellan 1914 och 1917, sade han:

”Uppeldade av sådana skildringar [att tyska soldater skar händerna av belgiska barn] om hur fienden betedde sig och andra lika absurda redogörelser,[10] kastade sig det amerikanska folket in i kriget med en känslomässig hysteri som bara kan förstås i ljuset av vilken makt propagandan har att uppamma till gemensam handling under krigsliknande förhållanden. De som inte accepterade krigsideologin var ofta ytterligt få och genomgående helt kraftlösa. Den nästan primitiva extas som ibland kunde gripa omkring sig bland den amerikanska allmänheten har nyligen sammanfattats på ett oförglömligt vis.

Vi hatade med ett gemensamt hat som var oerhört upphetsande. Författaren till denna artikel minns hur han var närvarande vid ett stort möte i New England, som hölls av Christian Church – Gud, ha förbarmande över marken! En talare krävde att kejsaren när han väl infångats skulle kokas i olja, och sedan ställde sig hela publiken upp på stolarna och skrek hysteriskt ut sitt samtycke. Detta var den stämning vi befann oss i. Detta var den sorts galenskap som hade gripit oss.”[11]

Själva sättet att utkämpa kriget på var också omvälvande, eftersom slagen för första gången i krigshistorien var lika mycket kraftmätningar mellan fabriker som mellan arméer. Vapenproduktionen var en mer avgörande faktor i striden än utskrivningen av nya soldater. Gud hade valt de största industriernas sida till förfång för de största bataljonernas, och han hade oftare tagit parti för stridsvagnen och kanonen än för geväret och bajonetten. Såsom J. T. Shotwell säger: ”Under åren 1914 till 1918 ... kom kriget definitivt att bli en del av den ekonomiska historiens industriella fas ... krigets industri kombinerar två tekniker; fredens teknik som förser kriget med dess resurser och förstörelsens teknik.”[12] Det ekonomiska utbytet av kriget förflyttades från generalernas och truppernas plundring till de vinster som gjordes av finansiärer, leverantörer och tillverkare.

Av de många förändringar som kriget gav upphov till var förmodligen den mest ödesdigra att världen – i motsats till vad folk i allmänhet trodde – faktiskt gjordes trygg för demokratin i dess olika former. Från 1918 och framåt började massmänniskans känslor i än högre utsträckning än under religionskrigen dominera människans angelägenheter. Makten över förnuftet rycktes undan från statsmannakonsten och strategin. ”Folket födde en demon, skrek och släckte ljuset med blod, och satte vansinnets och grymhetens hallstämpel på freden och kriget.”[13]

KRÖNIKA

Den ryska revolutionen

När 1900-talet grydde hade alla ledande nationer gått från agrar till industriell ekonomi, och de framsteg som gjordes var så förbluffande att det för människan i industrisamhället verkade som om den nya ordning som ångkraften sörjde för vräkt allt som föregått den på historiens sophög. Materiellt framskridande jämställdes med lycka, och ekonomisk determinism accepterades som den nya religionen. ”Maskinen och universum”, skriver Lewis Mumford i *Technics and Civilisation* (1934),[1] ”blev ett och fogades samman på samma sätt som de var i matematiken och fysiken, och att tjäna maskinen var trons och religionens främsta uttryck, den mänskliga handlingens främsta motiv och källan till mänsklighetens främsta glädjeämnen.” Människan, som under trons århundrade hade betraktats som endast något lägre stående än änglarna, förpassades till samma status som ett ekonomiskt djur – Oswald Spenglers ”rovdjur”. För såväl kapitalisten som socialisten ersattes dyrkan av Gud med dyrkan av Mammon, och när det ledde till krig mellan klasserna förfäktade socialisterna den förljugna uppfattningen att klasserna kunde utrotas, och införde därigenom en motsägelse i tron på Mammon eftersom ekonomisk determinism leder till diversifiering av och inte likformighet av den sociala statusen.

Marx grep sig an denna motsägelse med föresatsen att göra samma sak för proletariatet – industriarbetarna – som Calvin hade gjort för de utvalda, för hans apokalyps gav dem, såsom det vältaligt har formulerats, ”vissheten om en triumf som predestinerats av själva universums lagar”. Den sociala världen skulle inte justeras eller reformeras utan vändas upp och ner, för enligt hans dialektik var den nya läran inte kopplad till samförstånd utan till avståndstagande, inte till välgörenhet utan till våld.

Hela den kristna världsordningen skulle kullkastas; lösenordet var hat, inte kärlek, och inte förrän proletariatets revolution hade genomförts till fullo – det vill säga på global nivå – skulle portarna till hans materiella paradis slås upp för de utvalda. Eftersom Marx, såsom Mumford har påpekat i *The Condition of Man* (1945, svensk översättning 1947),[2] trodde ”att materiella förhållanden och tekniska uppfinningar, var självskapade enheter, som existerade i och genom sig själva: primära drivkrafter, ursprungliga källor till social kraft ... han accepterade den maskinella processen som en absolut kraft och föreställde sig att proletariatet helt enkelt skulle fortsätta den kapitalistiska produktionen där kapitalismen slutade”, och kliva rakt in i ett socialt Eldorado. För Marx var proletariatet den nya Messias och organisatören av det jordiska kungarike där det andliga inte längre hade någon plats.

Lenin accepterade Marx tolkning av ”proletariatets diktatur”, och blev härigenom lika mycket ett offer för en teologisk besatthet som Luther och Calvin hade varit på sin tid. Den process som det hela handlade om var enkelheten personifierad. Genom revolutionen skulle proletariatet bli den härskande klassen, och i kapprock av en övergångsstat skulle man störta borgerskapet, beröva denna klass alla produktionsmedel, alla möjligheter till varuutbyte och distribution. Genom att centralisera dessa funktioner i sina egna händer skulle man själva kunna utveckla dem till egen fördel fram tills att segern hade vunnits och hela folket hade proletariserats och staten började vittra sönder i ett självförsörjande och självstyrande klasslöst samhälle.

Denna förenkling accepterades av Lenin. I likhet med Marx hade han aldrig smutsat ner händerna med så mycket som en enda dags kroppsarbete och visste ingenting om den mänskliga sidan av arbetarens liv. Hans åsikter om nationell och industriell administration – liksom Marx – var också de naiva till sin natur. Han förklarade att ”vi måste krossa den gamla, absurda, grymma, föraktliga och vidriga fördomen att bara de rika [dvs. de utbildade] kan styra staten”, eftersom ”varje arbetare som kan läsa och skriva är förmögen att sköta organisatoriskt arbete”. Och att ”under socialismen kommer alla i tur och ordning att sköta administrativa frågor och snart kommer man att ha vant sig vid att ingen sköter administrationen”. Han trodde blint ”att elektrifiering plus socialism” var vägen till kommunismens nya Atlantis, och glömde bort den uppenbara motsägelsen i Marx lära.

Eftersom alla skulle äga allting skulle ingen äga någonting, och eftersom detta innebar att det individuella initiativet undanröjdes var frågan vem som då skulle sörja för att proletariatet arbetade. Detta krävde att en ny klass uppdragsgivare skapades, vilket innebar att utgångspunkten att proletariatet skulle bli den nya styrande klassen var nonsens.

När Lenin den 7 november 1917 (oktoberrevolutionen) tack vare Trotskijs organisatoriska förmåga inledde sin maktkamp var han nästan okänd. Men eftersom alla i Ryssland kände till det socialrevolutionära partiet, som hade stort inflytande över bönderna, bestämde han sig för att ingå en koalition med dess vänsterflygel, och mellan den 8 november och den 31 december utfärdade han 193 dekret. Den 9 november tillkännagav han att jordägarnas tillgångar skulle fördelas bland bönderna – även om detta inte hade något med marxism att göra, för Marx betraktade bönderna som "civilisationens barbarer" – och därigenom vann Lenin stöd från 80 procent av det ryska folket. Föga misstänkte socialrevolutionärerna och bönderna vid denna tidpunkt att Lenins motiv var att låta bönderna likvidera bourgeoisien för att därefter likvidera dem.

Den 27 november överfördes så all industri genom ett dekret till arbetarna, som blev den styrande klassen, och folkkommissariernas råd blev deras regering. Detta råd hade i uppgift att organisera produktionen och den kommunistiska maktapparaten. Det omedelbara resultatet var att eftersom arbetarna var oförmögna att alls organisera eller styra någonting slutade industrin att fungera och fabrikerna förvandlades till diskussionsklubbar. Eftersom arbetarna inte hade något att erbjuda i utbyte mot mat slutade bönderna att odla jorden med undantag för husbehovet. Det marxistiska experimentet visade sig vara en illusion. Det skapade bara förvirring, och detta på grund av att människans natur inte togs med i beräkningen. Men inte desto mindre gav denna erfarenhet en ovärderlig lärdom inför framtiden – att om man vill undergräva en motståndares ekonomi låter detta sig göras genom att man sår fröet till marxistisk kommunism i det fientliga lägret.

Lenin var tvungen att ta det första avgörande steget bort från Marx lära. Den 20 december inrättade han en särskild polisstyrka, Tjekan, efter samma principer som den tsarryska hemliga polisen, ochranan. Skenbart skulle den bekämpa kontrarevolutionen men dess verkliga uppgift var att förmå den nya härskande klassen att inte ägna sig åt vanstyre utan i stället arbeta. Eftersom det första steget var att skaffa fram mat till arbetarna exproprierades denna från bönderna, och på grund av detta bröt socialrevolutionärerna med Lenin. Men det var för sent, Tjekan lät släppa lös en våg av terror och det marxistiska experimentet drunknade. Sedan grundade Lenin en politbyrå som bestod av fem framstående medlemmar från bolsjevikpartiet och där han själv var ordförande. Detta råd styrde med kraft av Tjekan och Röda armén som Trotskij hade skapat. Resultatet blev inbördeskrig. Då detta föranledde utländsk intervention, är det här på sin plats att närmare studera Lenins utrikespolitik.

Redan från revolutionens första dagar var bolsjevikledarna överens om en sak: revolutionen kunde inte överleva såvida den inte blev världsomspännande. Den utmanade den befintliga ordningen socialt, politiskt och ekonomiskt. Revolutionen erbjöd inte världen bara ett nytt sätt att leva på, utan anhängarna förfäktade att den inte kunde slå permanent rot om inte den gamla livsstilen gick i graven. Så tidigt som den 14 april 1917 hade Lenin proklamerat att ”världsimperialismen kan inte leva sida vid sida med en segerrik sovjetisk revolution”, och den 12 mars 1919 framlade han i centralkommitténs namn en rapport för det ryska kommunistpartiets åttonde kongress där han sade: ”Vi lever inte blott i en stat, utan i ett system av stater, och existensen av en sovjetisk republik sida vid sida med imperialistiska stater under en längre tid är otänkbar. I slutändan måste endera sidan avgå med segern. Och innan dess kommer det oundvikligen att ske en rad fruktansvärda sammanstötningar mellan den sovjetiska republiken och de borgerliga staterna.”

Senare upprepade Stalin dessa ord gång på gång och sammanfattade den sovjetiska internationella politiken på följande vis: ”Partiets utrikespolitiska uppgift är: 1. att använda varje motsättning och konflikt inom de omgivande kapitalistiska grupperna och regeringarna för att påskynda imperialismens sönderfall; 2. att inte sky någon möda eller metod för att åvägabringa de proletära revolutionärerna i väst; 3. att vidta alla nödvändiga mått för att stärka de nationella befrielserörelserna i öst och 4. att säkerställa att Röda armén blir starkare.”

För att initiera att detta subversiva krig spred sig till hela världen grundade Lenin i mars 1919 Tredje internationalen, eller Komintern, ett redskap för att förena alla kommunistiska partier utanför Ryssland i kampen för världsrevolutionen, och dess första uppgift var att etablera en kommunistisk regim i Tyskland. Efter krav från Poincaré, Clemenceau, Foch och Klotz i Frankrike och ledare i Storbritannien befann sig Tyskland fortfarande under blockad, och i sin desperation hade många tyskar anslutit sig till bolsjevikerna. Fredsstiftarna i Paris spelade Lenin helt i händerna. Hans plan var – med hans egna ord – att:

> Förena industriproletariatet i Tyskland, Österrike och Tjeckoslovakien med proletariatet i Ryssland och därigenom skapa en mäktig agrar och industriell kombination från Vladivostok till Rhen, från Finska viken till Donaus blå vatten, ett proletariat som skulle kunna försörja sig självt och mot Storbritanniens reaktionära kapitalism ställa en revolutionär jätte, som med ena handen skulle sända chockvågor genom lugnet i öster och med den andra betvinga den anglosaxiska kapitalismens illdåd. Om det finns något som kan locka det engelska etablissemanget att gå till motanfall, var det en förening av det revolutionära Ryssland med ett revolutionärt Centraleuropa.

En av de få män som insåg denna fara var Lloyd George, som den 25 mars 1919 lade fram sina åsikter:

> Den största faran jag ser i dagens situation är möjligheten att Tyskland går samma öde till mötes som Ryssland, och att tyskarna ställer sitt välstånd, sitt intellekt och sin stora organisatoriska förmåga till förfogande för dem som drömmer om att lägga världen för bolsjevismens fötter med hjälp av vapenmakt. Denna fara är inte ett överdrivet skrämskott. Om Tyskland ansluter sig till spartakismen [med stöd från Frankrike] kommer landet att hamna i bolsjevikernas händer. Om detta sker, kommer hela Östeuropa att dras in i den bolsjevistiska revolutionens malström, och om ett år kommer vi att stå inför en armé på 3 000 000 man som kommer att ha tyska generaler och tyska instruktörer utrustade med tyska kulsprutor och som kommer att vara beredda att företa en offensiv mot Västeuropa.

Eftersom världsrevolutionen var Lenins strategiska mål, måste hans taktik också vara revolutionär. Målet var inte att övertala fienden att byta ståndpunkt genom vapenmakt, utan genom tankens kraft – med andra ord att bringa honom på flykten inom sig själv och få honom att förgöra sig för egen hand. Före Brest-Litovsk-freden hade han sagt: ”Låt oss ge efter geografiskt, men vinna tid", eftersom han insåg att när revolutionen väl hade väckts i väst, skulle den innebära att Ryssland fick tillbaka det geografiska utrymme man hade använt som förhandlingsbas – utan strid.

Han sade: "Vi måste lära oss att angripa alla sorters strategier, manövrer, illegala metoder, undanflykter och knep för att ta oss in i fackföreningarna, för att hålla oss kvar i dem och genomföra det kommunistiska arbetet inom dem till varje pris ... Kommunistpartiet går in i sådana organisationer inte för att utföra konstruktivt arbete, utan för att förmå massorna att inifrån den borgerliga statens hjärta förstöra själva det maskineri och styrelsesätt som får systemet att fungera."

För Lenin och Trotskij var Tyskland världsrevolutionens nav eftersom landet utgjorde Europas strategiska tyngdpunkt. När Tyskland väl hade vunnits för kommunismens sak, skulle resten av Europa bli omöjligt att försvara och kunna erövras. Och när Europa hade förvandlats till ett sovjetiskt lydrike, skulle turen komma till Mellanöstern och Afrika. Slutligen, när hela Gamla världen hade sovjetiserats, skulle den psykologiska erövringen av Nya världen kunna inledas och den sovjetiska världsrepubliken utropas.

Det ryska imperiets sammansättning gjorde det omöjligt för Lenin att dra igång sin storslagna plan. Ryssland var ett lappverk av undertryckta folk som hölls samman av en centraliserad autokrati i Moskva, som var den enda garanten för att inte missnöjet runt om i riket skulle explodera och slita isär nationen. På grund av detta resulterade störtandet av tsaren i mars 1917 genast i omfattande uppror bland de icke Moskvatrogna grupperna med resultatet att femton områden – de flesta efter oktoberrevolutionen – förklarade sig självständiga. Ukraina – det folkrikaste av dessa nya områden – var det första landet som förkunnade sin självständighet och ett nationellt befrielseråd bildades den 17 mars 1917. Den 20 november 1917 förklarade sig Ukraina formellt vara en nationell republik, och eftersom Lenin inte kunde förhindra detta erkände han Ukrainas självständighet, och började genast lägga grunden till en kommunistisk skuggregering i Charkov. Den 17 december gav sig denna till känna och förklarade att Ukraina var en Sovjetrepublik. I enlighet med Lenins teknik bad man så den sovjetiska regeringen om hjälp. Detta bifölls och det ukrainska självständighetskriget, som pågick fram till 1921, inleddes.

Under tiden bådade general Aleksejev i södra Ryssland genast efter oktoberrevolutionen upp en frivilligarmé med vita ryssar (imperialister) för att bekämpa bolsjevikerna, och han fick snart stöd av general Kornilov och general Denikin. Kornilov dödades i mars 1918 och när Aleksejev dog i september året därpå tog Denikin över befälet för de vita trupperna i söder. Två månader senare höjde amiral Koltjak upprorsfanan i Omsk. När centralmakterna kollapsade rasade inbördeskriget över större delen av Ryssland.

Under tiden hade utländsk intervention gjort situationen än mer förvirrad. Interventionen inleddes med att fransmännen gav sitt stöd åt de tjeckiska fångarna som tagits av ryssarna och lät dem organisera sig i en kår för att bekämpa centralmakterna. Efter Brest-Litovsk-freden hade tjeckerna valt att ställa sig under franskt befäl, och då de inte kunde passera genom Tyskland bestämde de sig för att ta sig fram till Frankrike via Vladivostok.

I slutet av 1918 var de intervenerande trupperna i Ryssland ungefär 300 000 man inalles – fransmän, britter, amerikaner, italienare, japaner, tyskbalter, polacker, greker, finnar, tjecker, slovaker, ester och letter – såväl i Archangelsk, Murmansk, Finland, Estland, Lettland och Polen som vid Svarta havet, längs den transsibiriska järnvägen och vid Vladivostok. I april 1919 nådde Koltjak fram till Kazan och Samara vid Volga, medan Denikin avancerade norrut från Svarta havet. Eftersom Koltjak uppfattades som den farligaste motståndaren, skickade Trotskij general Tuchatjevskij mot honom. Tuchatjevskij vann slaget vid Busulug, ryckte fram från Volga, korsade Uralbergen och förföljde sin fiende till Vladivostok, 800 mil bort. I oktober inledde man så en offensiv mot Denikin, som hade trängt fram till Orel. Denikin tvingades retirera, och när han väl befann sig under reträtt lyckades han inte, på grund av alla banditer och partisaner som ansatte hans eftertrupp, få stopp på sina demoraliserade män förrän de hade kommit fram till Novorossijsk vid Svarta havet. Därifrån sändes återstoden av hans armé till general Wrangel på Krimhalvön. Ungefär samtidigt tvingades general Judenitj, som hade ryckt fram mot Petrograd, att dra sig tillbaka över gränsen till Estland, och interventionen började kollapsa. Två länder var ovilliga att ge upp: Japan, som planerade en expansion i östra Sibirien, och Frankrike.

Eftersom fransmännen var rädda för att ryssarna skulle avskriva de lån som man hade givit tsaren och att tyskarna som hämnd för Versaillesfördraget skulle göra gemensam sak med bolsjevikerna, präglades deras politik av motsägelser. Å ena sidan ville de återupprätta tsarens regim, eftersom tsaren skulle visa sin tacksamhet mot Frankrike, och å andra sidan ville de sörja för att Polen expanderade, eftersom Polen som fransk bundsförvant skulle hota Tyskland från öster.

Den 5 november 1916 hade Polens självständighet sanktionerats av centralmakterna, och när de så kollapsade den 11 november 1918 utsåg den riksförsamling som de grundat Józef Piłsudski (1867–1935) till de polska truppernas överbefälhavare. Hans första åtgärd var att utropa sig själv till riksföreståndare, och därefter lät han meddela alla krigförande och neutrala länder att Polen var en självständig stat.

Med fransk välvilja, kredit och vapen i ryggen vågade Piłsudski framföra enorma territoriella anspråk, för grundtanken i hans utrikespolitik var att återupprätta de poliska gränserna från 1772 – grovt sett längs Dvina (Düna, Daugava) och Dnepr och göra Polen till den ledande makten i en koalition med udden riktad mot bolsjevikerna. I april 1919 invaderade han Litauen, stormade Lida och ockuperade Vilnius. I maj gick han in i östra Galizien, som hade proklamerats som en västukrainsk republik av general Petljura som i november 1918 hade blivit överhuvud för den ukrainska nationella regeringen, och detta blev inledningen till det polsk-ukrainska kriget.

Eftersom de allierades högsta råd inte ägnade dessa kampanjer särskilt stor uppmärksamhet och inte heller förstod vad för slags människa Piłsudski var, lät man den 8 december fixera Polens östra gräns längs floden Bug, och året därpå fick denna gräns namnet Curzonlinjen. Denna gränsdragning gjorde Piłsudski ytterst besviken, och kort därefter blev situationen i Ukraina så kritisk att Petljura våren 1920 träffade en fredsöverenskommelse med Piłsudski, och den 22 april undertecknades fördraget i Warszawa. Polen erkände Ukrainas självständighet och åtog sig att stödja Petljura mot Ryssland.

Slaget vid Warszawa 1920

Under inbördeskriget i Ryssland framträdde en anmärkningsvärd general – Michail Tuchatjevskij. Han var en duglig soldat och hans syn på civilisationen återspeglade på ett så åskådligt vis den asiatiska sidan av bolsjevismen att han är värd att studera närmare.

Tuchatjevskij kom från en adelsfamilj med anor tillbaka till grevarna av Flandern, och även om hans mamma var italienska var han tatar till karaktären. Från henne ärvde han sitt latinska utseende, svart hår och den slagfärdighet som gjorde det möjligt för honom att utforska ryssen inom sig och tataren inom ryssen. År 1914 utnämndes han till löjtnant i det kejserliga gardet, och året därpå togs han till fånga av tyskarna.

Till sin läggning var han en romantisk barbar som avskydde den västerländska civilisationen. Hans själ påminde om Djingis khans, Ögödeis och Batus. Han var diktatorisk, vidskeplig, romantisk och hänsynslös och älskade det öppna landskapet och mullret från tusentals hovar, och han avskydde och fruktade civilisationens icke-romantiska ordningsamhet. Han hatade kristendomen och den kristna kulturen eftersom den hade utplånat hedendomen och barbarismen och hade berövat hans landsmän krigets extas och den tjusning som hörde till ”dödens karneval”. Dessutom föraktade han judarna eftersom de hade bidragit till att inympa ”civilisationens pest” och ”kapitalismens moral” i det ryska folket. Han sade: ”Juden är en hund, hundars avkomma, och sprider sina loppor i varje land.”[1]

När han satt i krigsfångeläger i Ingolstadt sade han till Fervacque, en medfånge: ”En demon eller en gud besjälar vår ras. Vi måste berusa oss, eftersom vi ännu inte kan berusa världen. Men den dagen kommer.”[2] Vid ett tillfälle såg Fervacque honom måla ett grymt gudahuvud på en bit kartong med disharmoniska färger. ”Vad är det där för något?” frågade han honom. ”Skratta inte”, svarade Tuchatjevskij:

> Jag har berättat för dig att slaverna behöver en ny religion. Nu matas de med marxism, men det finns sidor av den teologin som är för moderna och för civiliserade. Vi kan avhjälpa dessa sakernas bedrövliga tillstånd genom att vända åter till våra slaviska gudar, som berövades sin innebörd och styrka. Vi har Dazjbog, solens gud; Stribog, stormens gud; Volos, konstens och poesins gud och dessutom Perun, krigets och åskans gud. Jag har tvekat länge inför vilken gud jag ska välja som min, men nu har jag försvurit mig åt Perun, eftersom Ryssland kommer att sönderslitas av oerhört ödeläggande krig när väl marxismen släpps loss … Kaos kommer att råda och vi kommer inte att häva oss upp ur detta sönderfall förrän civilisationen har smulats sönder helt.[3]

Detta var inget plötsligt, fantasifullt infall som föranletts av tristessen i krigsfångelägret. När Tuchatjevskij var liten hade han och hans bröder chockerat sin franska guvernant genom att ”döpa” tre katter till ackompanjemang av djurens ömkliga jamande ”i Faderns, Sonens och den helige Andes namn”.[4] Alla västerländska dygder gjorde honom vettskrämd. ”Ära, vad är det?” skrek han. ”Ett föråldrat ord, som hädanefter måste förbehållas österlänningar.”[5]

I hans ögon berättigade förstörelsen allting eftersom den låste upp dörren som ledde till vägen bakåt mot seldjukerna, tatarerna och hunnerna. ”Allvarligt talat”, sade han, ”skulle det vara bra för mänskligheten om alla böcker brändes, så att vi kunde svalka av oss i okunskapens jungfruliga källa. Jag tror till och med att det är det enda sättet att förhindra att mänskligheten blir helt andefattig.” Vad han längtade efter var att få återvända till Ivan den förskräckliges dagar: ”då kommer Moskva att bli mittpunkt i barbarernas värld”. ”Om Nikolaj II hade följt i Peter den stores och Katarina den storas fotspår, då skulle ryssarna ha varit aldrig så fogliga, eftersom de älskar despoter.” ”Om Lenin lyckas befria Ryssland från alla gamla fördomar och lämpa det västerländska inflytandet över bord, då kommer jag att ansluta mig till honom. Men han måste se till att göra rent hus, börja om från början och sörja för att det barbariska tillståndet återupprättas.”[6]

År 1937 lät Stalin avrätta honom – tillsammans med flera andra som han: Uborevitj, Primakov, Putna som valde att återvända till sin förintelsegud.

Denne underlige, vulkaniske man, vars själ befann sig i harnesk med civilisationen, var ödesbestämd att kämpa mot Piłsudski, som var lika våldsam och antirysk som Tuchatjevskij var antieuropeisk. Om Piłsudski fällde lord D'Abernon, som hade gott om möjligheter att iaktta honom, följande omdöme: ”En oerhört hängiven, modig och karaktärsfast patriot. Han ifrågasätter gärna vedertagna metoder, oavsett om det handlar om militära eller politiska spörsmål. Han älskar det riskabla, hans puls slår bara med normal hastighet när han befinner sig i överhängande personlig fara … Förutom faran sägs han älska intrigen – hans temperament och politiska situation gör honom till en revolutionär med böjelse för det hemliga och indirekta.”[7]

Det var dessa karakteristika – mod, oortodox hållning och hemlighetsmakeri – kopplade med framgång, som gjorde Piłsudski till en legendarisk gestalt. Dagen innan han dog, den 12 maj 1935, vände han sig till general Śmigly-Rydz och sade till honom: ”Att vara besegrad och inte kapitulera är seger, och att segra och vila på lagrarna är att förlora.”[8] Den första halvan av denna mening är en god sammanfattning av hans skicklighet som general.

Innan vi går närmare in på den kampanj som följde genast efter undertecknandet av Warszawafördraget, måste vi titta närmare på de styrkor som stod emot varandra. Bägge var improviserade och kaotiskt utrustade och hade vuxit alldeles för snabbt. I november 1918, när Piłsudski tog befälet, bestod den polska armén av tjugofyra bataljoner, tre skvadroner och fem batterier. I januari 1919 hade denna numerär vuxit till i tur och ordning 100, 70 och 80, inalles 110 000 man. Ett år senare var armén 600 000 man stark, organiserad i tjugoen divisioner och sju kavalleribrigader, men flertalet av dessa höll fortfarande på att sättas upp och utbildas. Även om soldatmaterialet var tillräckligt hade Polen inga arsenaler och saknade ammunition. En än större svårighet var att man inte hade tillräckligt många hästar, eftersom sex års krig hade medfört att landet gång efter annan genomsökts efter nya hästar, och som vi snart kommer att kunna konstatera var den polska arméns största svårighet just att kavalleriet var svagt.

Hur stod det då till med hans motståndares armé? Tuchatjevskij sade vid ett tillfälle till Fervacque: ”Den ryska armén är inte som er – den franska. Det är en hord, och dess styrka är just hordens.”[9] Även om detta yttrande fälldes under världskriget, är det lika giltigt för kampanjen 1920, eftersom den armé som Piłsudski ställdes mot var föga mer än en hord av bönder – vars enda mål var att få komma hem[10] – förstärkt med en förhållandevis liten grupp fanatiska revolutionärer. Även om denna armé var bättre utrustad än polackerna – segern över Denikins och Koltjaks trupper hade resulterat i fransk och brittisk utrustning för flera miljoner pund – hade man ytterligt ont om fordon och utbildade officerare. Alla transporter skedde med hästdragna foror; officersunderskottet kompenserades med hjälp av att man lät enrollera hundratals officerare från den gamla tsararmén. Men eftersom man inte litade på den gamla regimens män, lät Trotskij knyta politiska kommissarier till varje avdelning. Flertalet av dessa var judar, och enligt lord D'Abernon "gjorde de allting i sina divisioner – rekvirerade mat – gav order – förklarade målen".[11]

Både polackerna och ryssarna var desperat angelägna om att få fred, men endast på sina egna villkor. Polackerna ville återupprätta den gamla gränsen från 1772. Ryssarna ville att världsrevolutionen skulle fortsätta gripa omkring sig. När den sovjetiska regeringen den 22 december 1920 bjöd in polackerna till fredsdiskussioner slog försöket slint trots att förslaget accepterades.

Till sist övergick så den diplomatiska förpostfäktningen den 25 april i en plötslig offensiv som Piłsudski slog ut väster om Zjitomir. Hans mål var att inta Kiev och sedan svänga norrut mot Tuchatjevskij, som hotade hans vänsterflygel. Den polska armén svepte under ledning av Piłsudski med stöd från två divisioner ukrainska trupper under hetman (kosackledaren) Petljura och från några rumänska enheter, ner mot Dnepr, och den 7 maj ockuperade de Kiev.

Styrkorna som stod emot varandra fördelade sig enligt nedanstående:

Röda armén: Norr om Pripjat stod den västra armén under Tuchatjevskij som bestod av fjärde, femtonde, tredje och sextonde armén samt III. kavallerikåren (Gay Khan); och söder om Pripjat den sydvästra armén under ledning av Jegorov som bestod av tolfte och fjortonde armén, och fem divisioner kavalleri under Budjonnyj. Allt som allt – möjligen – 200 000 man.

Polska armén: Norr om Pripjat stod den första och fjärde armén med en reservarmé under uppbyggnad nära Vilna (Vilnius), och söder om Pripjat den tredje, andra och sjätte armén. Allt som allt ungefär 120 000 man.[12]

5. Polsk-sovjetiska kriget 1920

Även om den ryska numerära överlägsenheten var viktig, och då särskilt eftersom huvuddelen av armén var grupperad mot den betydligt svagare polska vänstra flygeln, var det av större betydelse att området mellan Bug och Dnepr bröts itu av träsken i Polesien, ett flackt område som praktiskt taget var ogenomträngligt för större truppkoncentrationer. Detta innebar att en allmän framryckning från bägge arméerna längs hela fronten genast skulle sönderfalla i två åtskilda slagfält som inte skulle kunna samverka. När kamrat Sergej Kamenev, överbefälhavare för de sovjetiska väpnade styrkorna, insåg detta, beordrade han Tuchatjevskij att angripa den polska vänsterflygeln. Tuchatjevskij grep sig ivrigt verket an eftersom han genomsyrades av revolutionär övertygelse och drömde om att kunna vattna sina hästar i Rhen[13] och utvidga kriget över det fallna Polen vidare till Västeuropa. Vid den här tidpunkten hänvisade Trotskij till Piłsudski som "en tredje klassens Napoleon", och den 2 maj gjorde han följande förutsägelse:

> Det råder inget tvivel om att den polska bourgeoisiens krig mot de ukrainska och ryska arbetarna kommer att resultera i en arbetarrevolution i Polen. Att låta sig skrämmas av Piłsudskis inledande framgångar är liktydigt med en ömklig brist på själslig kraft. Det var oundvikligt att Piłsudski till en början fick framgångar. Vi visste att så skulle bli fallet. Detta var ett resultat av våra tidigare relationer med Polen. Ju djupare de polska truppernas högerflygel tränger in i Ukraina, och ådrar sig ukrainskt motstånd av alla schatteringar, desto hårdare kommer de att få känna av den obetvingliga kraft som Röda armén kommer att rikta mot dem.[14]

Strategiskt var detta en korrekt bedömning och när Tuchatjevskij den 15 maj valde ut järnvägsknuten Molodetjno som mål och anföll med sin femtonde armé, var hans mål att driva ut polackerna i träsken vid Pinsk. Även om angreppet misslyckades blev Piłsudski rejält omskakad och innan han hann förstärka vänsterflygeln utsattes han för ett kraftfullt angrepp i söder. Där gick Budjonnyj, som hade varit menig soldat under rysk-japanska kriget, till anfall i spetsen för 16 700 kosacker åtföljd av 48 kanoner, 5 pansartåg, 8 pansarbilar och 12 flygplan. Han slog till mot Piłsudskis högerflygel i närheten av Jelisavethrad (Kirovohrad) den 18 maj. Dagen därpå rörde han sig norrut, angrep polska styrkor söder och sydväst om Kiev, bröt igenom nära Gaisin, gjorde räder väster om Kiev och gick in i Berdytjiv och Zjitomir. Den 5 juni var den polska tredje armén nästan omringad, men den 13 juni bröt den sig ut och retirerade västerut medan Budjonnyjs kavalleri ryckte framåt, korsade Horyn den 3 juli och intog två dagar senare Rovno. Därifrån trängde de vidare fram mot Lutsk, Dubno och utkanten av Lviv (Lemberg).

Såsom Piłsudski berättar för oss utbröt panik och ”själva statens arbete började falla sönder”. Han skriver: ”För våra trupper som inte var beredda att möta detta nya offensiva verktyg blev Budjonnyjs kavalleri en oövervinnelig, legendarisk styrka. Och det bör läggas på minnet att ju längre bak i armén man kommer, desto tydligare framträder en sådan besatthet utan allt förnuft – och blir allt överskuggande och omöjlig att motstå. Härigenom uppstod en ny front för mig, den farligaste av dem alla – den inre.”[15] Den enda möjligheten han hade i stunden för att möta denna kritiska utveckling var att rädda sin vänsterflygel vars högra flank hade svängts runt som en följd av högerflygelns nederlag. Därför beordrade han att den skulle dras tillbaka.

När Piłsudskis vänstra flygel som bäst höll på att retirera, började Tuchatjevskij att reorganisera sin kaotiska armé. Under juni månad lät han fånga in och införliva närmare 100 000 desertörer i sina styrkor[16], och även om han klagade högt över att han led brist på utrustning var den tanke han baserade sin förestående attack på politisk och inte militär. Han menade att ”situationen i Polen var gynnsam för en revolution” och att bara han dök upp vid ”Polens etnografiska gräns” skulle bönderna och proletariatet i städerna göra uppror. Dessutom var han övertygad om att Europa var moget för revolutionen och att ”en snabb och segerrik offensiv skulle hypnotisera massorna och dra dem österut”. Han kom fram till dessa slutsatser som en följd av överdrivna redogörelser för den situation som då rådde: i Tyskland där folket bara väntade på ”signalen till uppror”, i England där situationen påminde om förhållandena i Ryssland 1904 och i Italien där arbetarna hade ockuperat fabriker och industriella anläggningar. Han lät sända ut en förtrupp av propagandister som skulle bereda vägen för hans hord.[17] Denna strategi sammanfattar lord D'Abernon sålunda: ”Moskva lät skicka ut en hel svärm med spioner, propagandister, hemliga sändebud och hemliga vänner, som trängde in på polskt territorium och undergrävde motståndet inom somliga grupper av den polska befolkningen ... effekten av detta obeväpnade anfall var inte mindre effektivt än de rent militära insatserna. Systemet gick ut på att undvika frontalangrepp när helst så var möjligt, och att vinna terräng genom flygelomfattning, infiltration och propaganda."[18]

Även om Tuchatjevskij var en förslagen general var han, i likhet med flertalet ryssar, fullständigt ineffektiv. Innerst inne var han tatar och hade för avsikt att låta sin armé leva på det land man genomkorsade och hans underhållssystem påminde om Attilas eller Djingis khans. Fervacque överdriver förmodligen när han säger att hans 200 000 soldater åtföljdes av 800 000 politiker, poliser och marodörer, som hade i uppgift att bolsjevisera de erövrade områdena, genom att plundra de rika och skjuta borgarna och aristokraterna.[19] Men denna överdrift kanske inte är så våldsam som den låter, eftersom Tuchatjevskij berättar för oss att hans fjärde, femtonde, tredje och sextonde armé åtföljdes av 33 000 hästdragna foror, och tillägger något ironiskt: "Det var en tung börda för lokalbefolkningen."[20] Antalet vagnar med uppskattningsvis sex man per vagn blir 200 000 man, och medan dessa ödelade de sovjetiska bakre områdena beredde propagandan vägen för den sovjetiska fronten.

Det är svårt att skaffa sig en uttömmande bild av styrkeförhållandena under slutet av juni. De polska arméerna verkar ha uppgått uppskattningsvis till 120 000 man och de sovjetiska till 200 000. Tuchatjevskij anger antalet till 150 188 med tillgång till 80 492 gevär, 10 521 sablar och 68 715 övriga vapen,[21] och Piłsudski uppger att Tuchatjevskij hade 794 645 man under sitt befäl och 150 572 hästar, varav antalet stridande män uppgick till 200 000.[22] Vilka siffror som än är korrekta, utgjorde den sovjetiska armén en hord med magasinsgevär.

När vägen hade röjts med hjälp av propaganda lät Tuchatjevskij sina fyra arméer gå till anfall mellan floderna Dvina och Pripjat i gryningen den 4 juli med udden riktad mot järnvägen mellan Smolensk–Brest–Litovsk. Man möttes av hårt motstånd från första och fjärde polska armén, men eftersom de ställdes inför en övermakt om en till fyra, tvingades de bakåt. Man hade inte gjort något försök att gräva ner sig,[23] eftersom Piłsudski insåg att fältbefästningarna inte tjänade något till då fronterna var långa och de inblandade styrkorna i jämförelse tämligen små. Dessutom kunde skyttegravarna alltid överrännas av fiendens kavalleri.

Den 7 juli befann sig hela den polska fronten i full reträtt. Den 11 juli inleddes ett slag om Vilnius. Den 14 juli intogs så staden av den sovjetiska fjärde armén, och situationen för polackerna blev än mer kritisk när litauerna anslöt sig till bolsjevikerna. Vid det här laget, skriver Piłsudski, gav Tuchatjevskijs oavlåtliga framryckning ”intryck av något ohejdbart, ett monstruöst och tungt moln som inget hinder kunde hejda … Under hotet från det här molnet, som var beväpnat med hagel, började staten vittra sönder; soldaterna darrade och modet började svika våra trupper.”[24] Överallt omkring sig kände han hur förtvivlan och maktlösheten tilltog. Polens fullständiga sönderfall verkade nära.

Medan Piłsudski drog samman sina retirerande arméer, fortsatte Tuchatjevskij sin framryckning. Den 18 juli beordrade Tuchatjevskij sin fjärde armé att gå över Niemen söder om Grodno den 21 juli; den femtonde skulle korsa floden den 22 juli, och den tredje och sextonde armén skulle tränga fram över floden Shara norr och söder om Slonim. Men anfallet gick snabbare än Tuchatjevskij givit order om och den 19 juli intog Gay Khan och hans kavalleri Grodno och den 21 juli skickade Tuchatjevskij följande meddelande till Moskva: ”Grodno intogs den 19 juli och Slonim i går. Dessa två framgångar är vittnesmål om att linjen längs Niemen och Shara har betvingats och att de retirerande fientliga arméerna nu inte längre har några ställningar att ta sin tillflykt till där de kan hejda vår offensiv. Vi kan nu förvänta oss att fullgöra vår uppgift inom tre veckor.”[25]

Kamenev blev så upphetsad över detta att han föreställde sig att polackerna hade lidit så svåra nederlag att de inte skulle kunna återhämta sig och föreslog att en av Tuchatjevskijs fyra arméer drogs tillbaka för att hållas som reserv.

Medan polackerna drog sig tillbaka norr om Pripjat utsattes den polska tredje armén under general Śmigły-Rydz för så häftiga angrepp av Budjonnyjs kosacker att man snabbt förlorade både kraft och stridslust. Piłsudski skriver: ”I söder var Budjonnyjs kavalleri motorn i kriget.”[26]

När Grodno föll beordrade Tuchatjevskij att Warszawa skulle intas till den 12 augusti. Orsaken han anger till att han inte hejdade sig och reorganiserade sitt underhåll och väntade på att 60 000 man i förstärkningar skulle hinna ikapp honom var att fienden befann sig på flykt, och att allt som nu krävdes var att han trängde vidare med all tillgänglig kraft.[27] Detta gjorde han medan Piłsudski planerade att hålla linjen vid Bug och slå ut ett motanfall mot Tuchatjevskijs vänstra flank. Men den 22 och 23 juli föll denna linje samtidigt som också försvarsställningarna vid Niemen betvingades, och den 1 augusti drevs polackerna ut från Brest-Litovsk. Piłsudskis situation var desperat, och eftersom träsken i Polesien hade forcerats, förväntade han sig att de två sovjetiska arméerna – Tuchatjevskijs och Jegorovs – skulle slå samman sina styrkor och krossa hans demoraliserade trupper. Lyckligtvis var situationen inte fullt så eländig som den verkade, för Wrangel hade skyndat ut från sin lya på Krimhalvön och utgjorde ett så kraftfullt hot mot Jegorovs bakre trupper att Tuchatjevskij gick med på att avdela en del av den tolfte armén[28] för att hjälpa honom. Även om detta inte genast underlättade situationen för polackerna fick det en viktig inverkan på operationerna i mitten av augusti.

Den 2 augusti kom Piłsudski till Warszawa och fick höra att Narew hade intagits av fienden. Dagen därpå förlorade man Łomża och hela den polska första armén retirerade till huvudstaden. Undergången verkade nära, men än en gång visade sig situationen kunna vändas i hopp eftersom bolsjevikernas framryckning hade gått så snabbt – närmare 50 mil på 30 dagar – att Tuchatjevskijs underhållslinjer var oerhört desorganiserade. Situationen var sådan att Tuchatjevskij varken kunde stå still eller retirera. Att göra halt och reorganisera var uteslutet för det skulle innebära svält. Hans enda möjlighet var att fortsätta framryckningen.

Dessutom gynnade den politiska situationen en fortsatt offensiv. I Österrike, Tjeckoslovakien och Tyskland vägrade arbetarna att låta krigsmaterial passera genom deras länder till Polen. ”Den 6 augusti publicerade det brittiska Labourpartiet en pamflett där man tillkännagav att arbetarna i Storbritannien inte tänkte delta i kriget som Polens allierade.” I Paris talade de franska socialisterna genom sitt organ *L'Humanité* om ett ”krig mot Sovjetrepubliken från den polska regeringens sida på order av den engelsk-franska imperialismen, och skrek: 'Inte en man, inte ett öre, inte en granat till det reaktionära och kapitalistiska Polen. Länge leve den ryska revolutionen. Länge leve arbetarnas revolution'”,[29] medan hamnarbetarna i Danzig vägrade att lossa krigsmateriel. Av alla folken i Europa var det bara ungrarna som var vänligt inställda till polackerna, eftersom de under Béla Kuns vidriga regim hade smakat frukterna av den kommunistiska revolutionen.[30]

Denna mörka politiska bakgrund till den 60 mil långa polska reträtten övertygade både Storbritannien och Frankrike om att Sovjet snart skulle avgå med segern. ”Ingenting verkade säkrare än att de sovjetiska styrkorna skulle inta Warszawa.”[31] Redan den 12 juli hade denna defaitistiska anda gripit omkring sig i den brittiska regeringen. Den dagen lämnade lord Curzon, den brittiske utrikesministern, som trodde att det var möjligt att uppnå fred med bolsjevikerna, en not till den sovjetiska regeringen. Han föreslog inte bara vapenvila utan också att gränsen mellan Polen och Sovjetunionen skulle gå längs floden Bug. Fem dagar senare föreslog Tjitjerin en konferens och den 10 augusti rådde Lloyd George i ett tal i underhuset polackerna att anta bolsjevikernas fredsvillkor. Dessa inbegrep bland annat att den polska armén skulle begränsas till 60 000 man stödda av en beväpnad urban arbetarmilis ”under kontroll av fackföreningarna i Ryssland, Polen och Norge”.[32]

Eftersom detta innebar att Polen helt skulle bli bolsjeviserat förkastade Piłsudski förslaget. Piłsudski hade fyra dagar innan Lloyd George gav sitt förfärliga förslag i ensamheten i palatset Belvedere fått en idé som skulle förändra hela krigets förlopp.

När bolsjevikernas tyfon svepte västerut såg Storbritannien och Frankrike ingen annan utväg än att raskt företa sig något. Man bestämde sig för att skicka en delegation till Warszawa. Lord D'Abernon, den brittiske ambassadören i Berlin, instruerades att fortsätta till Paris, där han fick sällskap av general Weygand och andra, och sedan skyndade de vidare till Warszawa. När delegationen anlände till den polska huvudstaden den 25 juli kunde man konstatera att Piłsudski ville ha granater, inte råd.

För att återvända till kriget. När Piłsudski kom till Warszawa ställdes han inför följande situation. Brohuvudet var väl befäst och försvarades av 43 batterier tunga pjäser. Dessutom flankerades det av starka ställningar såväl vid Dęblin (Ivangorod) i söder och vid Modlin (Novo-Georgijevsk) i norr, som vid Płock längs Wisła längre västerut. I förvissning om att hans ställning var stark nog lät han linjen ligga fast oförändrad och undvek diplomaterna som var fullt upptagna med att begrunda de sovjetiska fredsvillkoren, och i likhet med Joffre före slaget vid Marne degraderade han ett flertal av sina underordnade, lät general Haller ta befäl över Warszawa och satte upp en ny armé, den femte, under befäl av general Sikorski.

Situationen längs den 32 mil långa fronten var som följer: den polska armén var avdelad i två grupper – en runt Warszawa och en runt Lviv – och de länkades samman medelst en svag center. Den norra gruppen bestod av den femte armén (34 000 man), den första armén (38 000 man) och den andra armén (12 000 man) samt den fjärde armén (23 500 man) som fortfarande retirerade från floden Bug. Den södra gruppen bestod av den sjätte armén (22 000 man) runt Lviv, med den sjunde armén, ukrainare och rumäner (24 000 man) i söder och länkades samman med den norra gruppen genom den tredje armén (25 000 man). Från norr till söder mot denna långa linje stod den västra armén under Tuchatjevskij och den sydvästra armén under Jegorov. Tuchatjevskijs armé bestod av fjärde armén (28 000 man) med understöd av Gay Khans III. kavallerikår (4 700 man), den femtonde armén (26 000 man), den tredje armén (20 000 man), den sextonde armén (20 700 man) och Mazyr-gruppen (8 000 man). Jegorovs armé bestod av den tolfte armén (22 500 man), den fjortonde armén (18 000 man) och Budjonnyjs första kavalleriarmé (30 000 man). Allt som allt stod 178 500 polacker och ukrainare mot 177 900 bolsjeviker.

Eftersom huvuddelen av båda arméerna befann sig i Warszawas omgivningar, var Weygands råd till Piłsudski att försvara linjen vid Wisła – medan en kraftfull motoffensiv förbereddes bakom floden. Detta var ett råd som många polska generaler instämde i eftersom de förespråkade ett motanfall från Modlin med högerflanken vid Wisła. Tanken var att krossa den sovjetiska högerflygeln och tvinga den till reträtt söder om floden Bug och skära av den från järnvägen mellan Warszawa och Białystok.

Medan Weygand och de polska generalerna pratade, lyssnade Piłsudski. Han varken samtyckte eller protesterade och det verkade som om han inte lät sig påverkas av deras diskussioner. Sedan drog han sig natten mellan den 5 och 6 augusti tillbaka till sitt arbetsrum i palatset Belvedere, och hans redogörelse för sin inre kamp är så utlämnande att det är på sin plats att citera den i oavkortat skick:

> Det finns ett beundransvärt uttryck av den störste kännaren av den mänskliga själen i krigstid – Napoleon – som om sig själv sade att när han stod i begrepp att fatta ett viktigt beslut, var han som en ung kvinna som just höll på att föda. Sedan den kvällen har jag ofta påmints om hur skarpsinnig denna tanke är. Han, som föraktade det täcka könets svaghet, jämför sig själv, en viljans och genialitetens jätte, med en bräcklig ung kvinna i barnsäng, ett offer för födslosmärtor. I sådana ögonblick brukade han intala sig själv att han var räddhågad. Själv var jag offer för

samma räddhågsenhet och kunde inte förlika mig med absurditeten i denna strid, som förpassade huvuddelen av trupperna vid Warszawa till passivt motstånd. Enligt min åsikt kunde inte motanfallet slås ut från Warszawa eller Modlin. Detta skulle innebära ett frontalanfall mot fiendens huvudstyrka, som jag trodde var koncentrerad framför Warszawa, och fram till den tidpunkten hade varken våra trupper eller vår ledning varit förmögen att hejda den segerrika fienden. Dessutom genomsyrades hela Warszawa av nederlagsstämning och pultroners ursäkter.

Piłsudskis funderingar fick honom att inse att det inte räckte med att hålla Warszawa utan att det i stället var nödvändigt att gå till motoffensiv, om så bara för att stärka soldaternas moral. Men varifrån skulle han få de trupper han behövde för ett motanfall? Det var denna fråga som han inte hittade någon lösning på. Om han lät hämta enheter från vardera flygeln, skulle civilbefolkningen i Warszawa och Lviv förmodligen gripas av panik och sedan skulle denna stämning smitta av sig på trupperna. Han började studera sina anteckningar och kartor, och slogs av hur långsamt den fjärde armén retirerade:

> Fienden föste den fjärde armén mot Wisła mellan Warszawa och Dęblin. Men i den riktningen fanns varken broar eller vadställen. I händelse av att fienden ökade trycket mot den polska mitten, skulle den fjärde armén mycket väl kunna hamna i ett hörn av Wisła i en oerhört utsatt position. Det var därför nödvändigt att få armén att svänga av antingen mot Warszawa eller Dęblin, alternativt dela den i hälfter och låta ena hälften marschera mot norr och den andra mot söder.[33]

Långt om länge fattade han så sitt beslut: fjärde armén skulle falla tillbaka mot Dęblin, och när Budjonnyjs kavalleri hade trängts tillbaka skulle han dra tillbaka två divisioner – legionens 1. och 3. division – från sodra flygeln till Dęblin. Detta bestämde han trots risken om Budjonnyj skulle anfalla på nytt om han fick kännedom om vad som höll på att hända. Eftersom det var så osäkert om motangreppet skulle lyckas bestämde han sig för att personligen ta befälet över anfallet.

När man betraktar den situation som han stod inför, framstår det som om hans avsikt var att dra fördel av glipan mellan fiendens fronter: Tuchatjevskijs armé var hopträngd ovanför Warszawa och Jegorovs och Budjonnyjs kavalleri befann sig i närheten av Lviv. Fiendens front löpte diagonalt från nordväst till sydväst, de två arméerna förbands genom en svag center vid Lublin i närheten av floden Wieprz. Om fienden kunde hållas stången vid Warszawa och Lviv, var Piłsudski övertygad om att han genom ett anfall söder om Wieprz mellan Dęblin och Lublin – det vill säga i höger riktning mot fiendens svaga mitt – skulle kunna angripa Tuchatjevskijs sextonde armé bakifrån och samtidigt förhindra att den armén trängde igenom hans egen svaga mittställning mellan Warszawa och Dęblin. Dessutom visste han att Mazyr-gruppen, som var grupperad mellan den sovjetiska sextonde och tolfte armén, var alltför svag och uttänjd för att kunna bjuda något större motstånd. Han skriver: ”Det var med den utgångspunkten [dvs. Wieprz] som dagordern den 6 augusti lät fördela den strategiska grupperingen inför slaget om Warszawa”,[34] och detta trots att samma dag och dagen därpå tre divisioner (den 14., den 16. och den 21.) från den fjärde armén fortfarande befann sig i strid. Dessutom insåg han inte bara att tillbakadragandet av den fjärde armén skulle medföra en sidoförflyttning mitt för ögonen på fienden, utan att tillbakadragandet av legionens 1. och den 3. divisionen skulle öppna dörren för Budjonnyj.[35]

Kunde han genomföra detta motanfall med oerhörd snabbhet? Trots att han nästan inte hade något kavalleri? Om han lyckades skingra Mazyr-gruppen skulle han kunna angripa den sovjetiska sextonde armén bakifrån. Han visste att denna armé redan hade drabbats av rejäl oreda på grund av det tilltagande kaoset i Tuchatjevskijs förrådslinjer.[36] För att förstärka denna förvirring tänkte han skjuta en moralisk pil från sin strategiska båge – Wieprz. Om denna pil träffade sitt mål, skulle oordningen i den sovjetiska sextonde arméns träng smitta av sig i de bakre linjerna hos den tredje, femtonde och fjärde armén vid Warszawa, och om deras förrådslinjer stördes skulle hans egna arméer runt huvudstaden – den första och femte – kunna rycka fram inför motanfallet. Kort sagt gick hans tanke ut på att gå till motangrepp med huvuddelen av sina styrkor – ett fysiskt motangrepp som skulle utlösas av den fjärde arméns moraliska motangrepp. General Camon säger att denna manöver sedd ur ett övergripande perspektiv var inspirerad av Napoleon eftersom den utgick från ett anfall mot de bakre linjerna. Det skulle snarare vara mer på sin plats att utnämna Alexander till inspirationskälla, eftersom planen mer liknar den strategi som tillämpades i slaget vid Arbela. Där låste Alexander fast fiendens högra flygel, anföll rakt genom den persiska svaga vänstra mitten och angrep den persiska högerflygelns eftertrupp, och det var vad Piłsudski tänkte göra.

När Piłsudski väl lade fram sin plan, utsattes den för hård kritik av hans generaler och generalstab. Hans djärvhet gjorde dem nervösa, för likt möss var de hypnotiserade av den kattlike Tuchatjevskij, och i stället för att uppmana sin överbefälhavare att ytterligare förstärka de trupper som skulle sättas in i motangreppet, hade de inget mer konstruktivt att föreslå än att han borde förstärka Warszawa.[37] Piłsudski höll fast vid sin tanke, och den 6 augusti utfärdades signalen till samling.[38] Han bestämde att motanfallet skulle genomföras den 17 augusti, och den 12 lämnade han Warszawa och begav sig till Dęblin.

Vad hade då Tuchatjevskij för plan?

Han var mycket väl medveten om att Lenin[39] fäste ytterligt stor vikt vid att man intog Warszawa, och nu när han stod framför stadens portar, vilken strategi skulle han då välja? Han menar att brist på soldatmaterial omöjliggjorde ett direktanfall och även ett samtidigt anfall mot fiendens flanker, och att han tvingades välja mellan ett anfall mot fiendens högra eller vänstra flank. Han menar att om han angrep den polska högerflanken skulle han ha behövt genomföra en komplicerad omgruppering och dessutom nya kommunikationslinjer som nu gick genom Kleshcheli (Kleszczele) och Brest-Litovsk. Han bestämde sig för att angripa den polska vänsterflanken och skära av dess förbindelse med Danzig och detta trots att han insåg att den överflyglande armén skulle stå med ryggen mot Ostpreussen, vilket skulle innebära att den hamnade i en ofördelaktig position om operationen misslyckades. Han förväntade sig att hans vänsterflygel skulle täckas av Jegorovs armé.

Den 8 augusti utfärdade han instruktioner om ett anfall den 14. Anfallet skulle genomföras på följande vis: Den fjärde armén skulle tränga fram norr om Warszawa, skärma av sig mot anfall från Toruń och gå över Wisła vid Płock. Den femtonde armén skulle gå mot Płońsk; den tredje mot Wyszogród–Modlin; den sextonde mot Nowo–Minsk–Garwolin och ta sig över Wisła söder om Warszawa medan Mazyr-gruppen gick över floden i närheten av Dęblin. Han avslutade med att säga: ”På grund av våra truppers höga moral, hade vi obetingad rätt att förvänta oss seger.”[40] Han sade detta trots att han hade lyckats få tag på en kopia av Piłsudskis order av den 6 augusti, men lyckligtvis för fienden trodde han att den var en bluff.

När vi undersöker dessa instruktioner, framgår det genast att resultatet innebar en allmän framryckning av merparten av de sovjetiska trupperna norr om Warszawa. Svagheten i denna attack låg inte i bristande truppstyrka utan i undermålig befälssamordning. Kamenev var i Moskva, Tuchatjevskij stannade kvar i Minsk, och Jegorov var i närheten av Lviv – över 30 mil från Tuchatjevskij. Än värre var att Jegorov och Tuchatjevskij inte tålde varandra.

Den 10 augusti skickade Kamenev en order till Jegorov att överföra Budjonnyjs och hans kavalleri till Tuchatjevskij, men då man misslyckades med att dechiffrera meddelandet, inträffade en tre dagar lång försening innan man fick en ny order som man lyckades tyda först den 13 augusti. Men då började Jegorov sätta sig på tvären. Han var inte intresserad av operationerna vid Warszawa och var fast besluten att inta Lviv, Przemyśl och Sambor och när han väl hade gått över Dnestr ville han fortsätta kriget in i Rumänien. Resultatet var att Kamenevs order lades åt sidan och Budjonnyj marscherade vidare mot Lviv liksom tidigare i historien kosackerna under Chmelnitskij.

Vad gjorde då Piłsudski under denna period? Han berättar för oss att dagarna mellan den 6 och 12 augusti var fulla av oro medan han betraktade hur hans fiende långsamt tog sig runt hans vänstra flank. Den 11 augusti drog Tuchatjevskij igång ett anfall mot Pułtusk, som försvarades av – såsom Sikorski berättar för oss – krigströtta trupper som såg ut som ”levande lik” i trasor och utan skodon.[41] Denna gamla fästning låg i vägen för Tuchatjevskijs möjlighet att korsa floden Narew och när bolsjevikerna väl betvingat försvararna, var den enda återstående försvarslinjen mellan Narew och Wisła floden Wkra, som flyter samman med Bug nära Modlin. Förlusten av Pułtusk kompenserades delvis av general Śmigly-Rydz skickliga tillbakadragande av legionens 1. och 3. division från Bug. Den 13 augusti snappade så polackerna upp Tuchatjevskijs order om allmänt anfall dagen därpå, ett meddelande som sändes ochiffrerat, och de utländska diplomaterna skyndade sig att lämna Warszawa och begav sig till Łódź.

Såsom vi har sett var Tuchatjevskijs plan att närma sig Warszawa norrifrån och när han väl hade skurit av stadens försörjningslinjer anfalla den bakifrån. Den 13 augusti avancerade hans sextonde armé mot stadens södra flank och hans tredje armé mot den norra, medan hans femtonde armé rörde sig mot Wkra med tyngdpunkten mot Nasielsk, och hans fjärde armé svängde runt med högerflanken mot Płock. Den dagen slog den tredje armén ut ett anfall mot Warszawas yttre försvarslinje, som löpte genom Radzymin. Försvararna utgjordes av den polska första armén, medan den femte, under Sikorski, höll linjen vid Wkra.

Åtföljd av fem stabsofficerare upprättade Piłsudski sitt högkvarter vid Puławy, något söder om Dęblin, och denna dag – den 13 augusti – besökte han enheter i sin fjärde armé, och blev inte uppmuntrad av vad han såg. Han berättar att trupperna var så illa utrustade att han ”inte under hela kampanjen hade sett sådana trashankar tidigare”.[42] Han besökte enhet efter enhet, talade med männen, och gjorde allt han kunde för att stärka deras självförtroende och moral.

Den 14 augusti förlorade polackerna Radzymin. Detta innebar att bolsjevikerna nu stod två och en halv mil från Warszawa. Samtidigt utsattes Sikorski för en våldsam attack vid Wkra och situationen blev så kritisk att general Haller uppmanade Piłsudski att inleda sitt motanfall en dag tidigare än utsatt datum. Piłsudski biföll denna begäran trots att ytterligare ett dygn skulle ha varit ovärderligt för honom.

Den 15 augusti fortsatte slaget vid Wkra och en grupp om åtta polska pansarbilar opererade med stor framgång i området Raciąż–Drobin–Bielsk. Sikorski säger: ”Med stor skicklighet smög de sig oförmärkt in mellan fiendens enheter, angrep utposter och förstörde förrådskolonner och kommunikationslinjer, och var till stor nytta. De fördubblade sin slagkraft genom sin rörlighet, sådde förvirring i de ryska divisionernas bakre linjer och gav intryck av att de beredde väg för en enorm offensiv.”[43] Dagen därpå slogs våldsamma sovjetiska angrepp tillbaka vid Nasielsk, men under skydd av dessa anfall svängde Tuchatjevskijs fjärde armé runt söderut mot Płock, Włocławek, Bobrowniki och Nieszawa som alla låg vid Wisła. Nieszawa låg knappt tre mil från Toruń. Situationen för polackerna blev bara värre och värre, för trots att den första armén höll stånd vid Warszawa, överflyglades Sikorskis vänstra flank, och i närheten av Płonsk utsattes hans bakre linjer för ett kraftigt anfall. Sedan kom så räddningen från Wieprz. Den morgonen drog Piłsudski igång sitt motanfall och under de följande dagarna skulle polackerna avancera 24 mil.

Den 16 augusti 1920 korsades Polens Rubicon – floden Wieprz – och den polska fjärde armén fick i uppgift att inta vägen Warszawa–Brest–Litovsk. Till skillnad från Tuchatjevskij, som under sin attack hade stannat kvar i Minsk, tillbringade Piłsudski hela den här dagen i sin bil och åkte från flank till flank för att uppmuntra sina män och snabbt kunna utvärdera situationen. Vad som gjorde honom allra mest förbluffad var frånvaron av fientlig trupp. Till vänster intogs Garwolin och sedan kunde man tränga vidare utan motstånd. Därför bestämde sig Piłsudski den 17 augusti för att svänga framåt med motanfallets högerflygel ”och söka efter denna fantomfiende och efter tecken på en fälla”. Också denna dag åkte han runt längs sina snabbt framryckande enheter.

Vid den viktiga järnvägsstationen Łuków vid linjen mot Brest-Litovsk, åt han lunch med den 21. divisionens stab. Alla bekräftade ”att det inte fanns några större fientliga enheter, och berättade entusiastiskt för honom att hela civilbefolkningen hade gjort gemensam sak med dem, vilket resulterat i att de få fientliga grupper man stött på angripits av bondearméer beväpnade med högafflar åtföljda av sina hustrur med slagor”.[44] Om denna dag skriver Piłsudski:

> Drömde jag? Bara för några dagar sedan hade en sannskyldig mardröm förföljt mig: en ständig rörelse av oemotståndlig kraft, en rörelse som sträckte sig efter min hals med monstrets vassa klor och försökte kväva mig. Var det verkligen sant att mina fem divisioner obehindrat och utan större motstånd djärvt ryckte fram genom dessa områden som helt nyligen övergivits åt fienden i en smärtsam reträtt? Trots den glädje denna dröm skänkte mig, verkade det omöjligt att det kunde vara sant. En hel månads påståenden om fiendens överlägsenhet vägrade att förflyktigas. Denna lyckliga dröm kunde inte vara sann. Det var i den sinnesstämningen som jag den kvällen kom fram till Garwolin.[45]

Några timmar senare, när han satt vid sängkanten och drack en kopp te, hörde han avlägset kanonmuller långt borta i norr. ”Då fanns där en fiende! Det var inte någon illusion!” utbrast han. ”Skammen som jag hade känt över gårdagens fasa och skräck, när jag genomled den där vidriga mardrömmen som närapå betvingat mig med sina grymma bilder, var inte en galnings drömmar utan verkligheten. Fienden fanns, och beviset var musiken från slaget som rullade mot mig norrifrån.”[46]

Morgonen därpå hade kanonaden upphört, och även om landsbygden vimlade av röda kosacker, satte han sig återigen i sin bil och körde till Kołbiel för att hinna ikapp den 14. divisionens bakre linje. Denna division hade intagit Kołbiel under natten och ryckte nu i hög fart fram mot Nowo-Minsk. När han kom fram dit kunde han konstatera att hela den sovjetiska sextonde armén befann sig på flykt, så han beordrade sin chaufför att köra till Warszawa. Piłsudski ville kunna koordinera den första och femte arméns framryckning med motanfallet. Han erkänner att detta var ett misstag för när hans kraftfulla närvaro på slagfältet inte längre gjorde sig påmind avtog förföljelsen i intensitet, med resultatet att större delen av den 18 augusti var bortkastad. Han anklagar sig också för att han inte tog direkt befäl över den första och femte armén, för om han hade gjort det skulle han ha haft bättre möjlighet att påverka befälhavarna, vilka fortfarande var handlingsförlamade som en följd av den skräck de så länge känt. Han skriver: ”Alla tog minsta lilla förevändning om fientlig aktivitet i anspråk för att tro på möjlig katastrof i stället för att tro på segern.”[47]

Den 18 augusti utfärdade han följande order:

Tredje armén: Att hålla området Lublin–Chełm och trycka tillbaka alla enheter från den tolfte sovjetiska armén.

Andra armén: Att inta Brest-Litovsk och förfölja fienden mot Białystok.

Fjärde armén: Att i forcerade marscher rycka fram norrut mot järnvägen Malkinia–Białystok, att inta Brok och Wyszków och tvinga fienden bakåt mot den tyska gränsen.

Första armén: Att rycka fram i nordostlig riktning med udden mot Warszawa–Wyszków–Ostrów–Łomża med kavalleriet på den vänstra fronten, och att tränga fram mot den tyska gränsen.

Femte armén: Att förinta Gay Khans kavallerikår, rycka fram mot Mława–Przasnysz och skära av alla enheter från den sovjetiska femtonde armén väster om dessa städer.

Olyckligtvis hade den polska första armén varit alldeles för utspridd för att kunna utföra sina order. Detta förhindrade att Tuchatjevskijs styrkor helt utplånades.

När Piłsudski drog igång sitt motanfall var Tuchatjevskij fortfarande i Minsk, 48 mil från Warszawa, och dubbelt så långt bort som Moltke hade varit från Paris under slaget vid Marne. Det verkar som om han förlorade all kontakt, inte bara med fienden, utan även med sina egna arméer, och han berättar att det inte var förrän den 18 augusti som han fick ett telefonsamtal från befälhavaren för sin sextonde armé som berättade för honom att polackerna hade gått till motanfall. Han fick sig då berät-

6. Slaget om Warszawa 16–25 augusti 1920

tat att angreppet från de ”vita polackerna inte behövde tas på allvar”.[48] Tuchatjevskij var en alltför bra general för att se situationen i detta ljus och utfärdade genast följande order:

Den fjärde armén skulle dra sig tillbaka till området Ciechanow–Przasnysz–Maków, och längs vägen hjälpa den femtonde armén att retirera. Den femtonde armén skulle hålla tillbaka fienden och underlätta den fjärde arméns kraftsamling. Den sextonde armén skulle dra sig tillbaka till andra sidan floden Liwiec i skydd av Mazyr-gruppen på vänsterflanken. Den tolfte armén beordrades att hejda fienden som hade korsat Wieprz genom att anfalla polackerna i sidan. Till sist skulle den tredje och sextonde armén lösgöra en division var och skicka dessa till Drohiczyn och Janów för att härigenom lägga grunden till en reserv för hela fronten.[49]

Tuchatjevskij berättar för oss att han hade förutsett att det skulle bli nödvändigt att retirera till linjen Grodno–Brest-Litovsk, men det är möjligt att detta rör sig om en efterkonstruktion, för sanningen är att halva hans armé – vilket han tydligen inte kände till – redan befann sig på flykt och att den återstående halvan – den fjärde armén och större delen av den femtonde – var så kringränd att hans order inte gick att genomföra. Dessutom slumpade det sig så att de order han skickade till fjärde armén fördröjdes längs vägen. Och när de väl nådde fjärde armén visste befälhavaren ingenting om den övergripande situationen, och i tron att de sovjetiska truppernas ställning var gynnsam struntade han i Tuchatjevskijs order och fortsatte korsa Wisła för att angripa Warszawa bakifrån.

Den 21 augusti befann sig hela Tuchatjevskijs högerflygel i upplösning. Först hade den sovjetiska sextonde armén, sedan den tredje och till sist den femtonde drabbats i flanken mer av skräck än av strider. När de skyndade österut i panik förvandlades hela landsbygden till rena rama kaoset: enheter, smågrupper och oräkneliga eftersläntrare blandade huller om buller med tusentals förrådsforor jagade snabbast möjligt mot Niemen, medan Piłsudskis trashanksarmé fortsatte förföljandet kilometer efter kilometer utan att avlossa så mycket som ett skott.

Norr och nordväst om Warszawa satte sig den sovjetiska femtonde arméns högerflygel desperat till motvärn vid Ciechanow, men tvingades utrymma staden den 19 augusti, och därefter Mława den 20 augusti. I reträtten drog man med sig underhållstrossen för fjärde armén som skulle gå över Wisła vid Włocławek och Płock.

Den enda sovjetiska styrka som utmärkte sig i denna katastrof var Gay Khans kavallerikår. Den 20 augusti retirerade han till Mława, slog ut ett nattligt motanfall mot Knopki och skingrade en polsk bataljon. Sedan förföljdes han österut till Chorzele, där han vräkte två regementen över ända vid Myszyniec. Därpå begav han sig till Kolno och ställdes mot den polska fjärde armén, som några timmar tidigare hade intagit staden. Trots att han nu mötte en överlägsen styrka och hade ont om ammunition, gick han återigen till anfall och den 25 augusti drevs han, liksom den sovjetiska fjärde armén, huvudstupa över den tyska gränsen.

Till sist nådde den 25 augusti återstoden av den sovjetiska västra armén linjen Grodno–öster om Brest-Litovsk–Wlodawa, där förföljelsen upphörde. Krigsbytet var oerhört omfattande: 66 000 fångar förutom 30 000–40 000 man som avväpnades i Tyskland, 231 kanoner, 1 023 kulsprutor och 10 000 ammunitions- och förrådsvagnar. Under juli och augusti förlorade polackerna totalt 50 000 man och ryssarna 150 000.

Trots denna stora seger var kampanjen inte över och två separata operationer följde, en i söder och den andra i norr. Den första genomfördes av Sikorski, som inledde sin offensiv den 12 september och intog Kovel, Lutzk, Rovno och Tarnopol den 18 september och Pinsk den 20. Den andra anfördes av Piłsudski som efter en mästerlig manöver angrep Tuchatjevskij den 20 september, förintade den sovjetiska tredje armén i slaget vid Niemen och intog Grodno den 26 september. Denna seger följdes omedelbart av slaget vid Shara (Szszara)[50] där återstoden av de sovjetiska arméerna trängdes tillbaka till Minsk. I dessa två slag tog Piłsudski 50 000 fångar och erövrade 160 kanoner. Den 10 oktober kom man överens om vapenstillestånd, och den 18 mars 1921 i fredsfördraget i Riga lades den polska gränsen fast längs den sträckning som gällde fram till 1939.

Detta innebar slutet på en anmärkningsvärd kampanj, som utkämpades mellan improviserade arméer av begränsad storlek på en omfattande krigsskådeplats. Det var ett fälttåg som kännetecknades av rörlighet och överraskningsmoment, helt olikt de flesta krigshandlingar som förekom under första världskriget. Det var en kraftmätning mellan arméer som i huvudsak anfördes av unga generaler, och där kavalleriet spelade en viktig roll samtidigt som skyttegravarna var av helt underordnad betydelse, och framför allt var det ett krig där soldaten var viktigare än materialet, och generalerna viktigare än sina staber.

Inflytandet av denna avgörande strid för historiens vidkommande insågs till fullo av Tuchatjevskij – som förlorade striden – och lord D'Abernon – som betraktade den. Men underligt nog tog Västeuropa inte lärdom av händelserna, och inte heller senare har man i någon större utsträckning uppmärksammat förloppet. En kort tid efter sitt nederlag skrev Tuchatjevskij:

> I vartenda land i hela Europa vacklade kapitalismen. Arbetarna höjde blicken och tog till vapen. Det råder inget som helst tvivel om att revolutionen skulle ha gripit omkring sig i hela Europa om vi hade segrat vid Wisła ... Revolutionen låter sig exporteras ... och hade det inte varit för våra strategiska misstag och att vi besegrats på slagfältet, kanske det polska kriget hade varit länken som hade förenat oktoberrevolutionen med revolutionen i Västeuropa ... Det kan inte råda något som helst tvivel om att den polska arbetarklassen hade genomfört en revolution om vi hade lyckats krossa den polska borgerliga armén, och världsbranden skulle inte ha låtit sig hejdas av den polska gränsen. Likt en störtvåg skulle den ha svept in i Västeuropa. Röda armén kommer aldrig att glömma detta experiment vad gäller att exportera revolutionen, och om bourgeoisien lockar oss till nya strider, kommer Röda armén att lockas med att krossa dem och ge upphov till revolution i Europa.[51]

Senare, i en artikel publicerad i *Gazeta Polska* den 17 augusti 1930, formulerade lord D'Abernon sin dom sålunda:

> Den samtida civilisationshistorien känner inte till någon händelse av lika stor vikt som slaget vid Warszawa 1920, och trots detta har denna tilldragelse knappt ägnats någon uppmärksamhet. Det hot som riktades mot Europa i det ögonblicket avvärjdes, och hela episoden glömdes bort. Om bolsjevikerna hade segrat, skulle detta ha inneburit en vandpunkt i den europeiska historien, för det råder inget tvivel om att hela Centraleuropa i den stunden skulle ha öppnats för den kommunistiska propagandans inflytande och en sovjetisk invasion, som man svårligen skulle ha kunnat hejda ... Händelserna 1920 förtjänar också att uppmärksammas av ett annat skäl: segern uppnåddes framför allt tack vare en mans strategiska genialitet och tack vare ett fälttåg som var så svårt att det inte bara krävdes genialitet utan också hjältemod för att genomföra det ... Det borde åvila de politiska författarna att förklara för den

> europeiska allmänheten att Polen räddade Europa 1920, och att det är nödvändigt att sörja för att Polen förblir ett mäktigt land som lever i endräkt med den västeuropeiska civilisationen, för Polen är barriären mot det ständigt närvarande hotet om en asiatisk invasion.[52]

Genom att skydda Centraleuropa från den fulla kraften i den marxistiska smittan, vred slaget vid Warszawa den bolsjevikiska klockan bakåt. Nederlaget berövade Ryssland möjligheten att plundra, som landet så väl behövde för att hejda sin ekonomiska kris, dämde upp det utåtriktade flödet av missnöje och var nära att sätta stopp för bolsjevikernas experiment.

År 1920 hade livet i Sovjetunionen nått lågvattenmärket. Transportväsendet stod helt still. Jämfört med 1914 hade antalet lokomotiv som fortfarande fungerade sjunkit från 17 000 till 4 000, och nästan 4 000 broar hade förstörts under inbördeskriget. Stadsborna svalt, tusentals människor dog varje dag i tyfus, hästarna inne i städerna saknade foder, trähusen revs för att användas som ved, och arbetare lämnade fabrikerna i tusental för att hitta mat i byarna på landsbygden. År 1921 bröt våldsamma strejker ut i fabrikerna i Petrograd, och matroserna i Kronstadt gjorde uppror igen. Situationen blev så kritisk att Lenin övergav illusionen att proletariatet hade födslorätt till makten. Den 8 mars sammankallade han partiets tionde kongress och för att få bröd upphävde han alla socialistiska dekret som gällde jordbruket, och lät bönderna återigen få ägna sig åt privat företagsamhet och anlita lönearbetskraft. Dessutom gav han tillstånd till att privatpersoner fick ägna sig åt handel inom landet, men behöll makten över bankväsendet, den tunga industrin, mycket av den lätta industrin, transportväsendet och utrikeshandeln. Härigenom blev alla enligt hans nya ekonomiska politik någorlunda fria förutom proletariatet. Ändå handlade det inte om ett återvändande till kapitalismen, utan en reträtt för att vinna tid – ”ett steg bakåt”, som Lenin hade för vana att säga, ”för att kunna ta två steg framåt”. Inte desto mindre var resultatet förbluffande: bönderna började sälja varor, affärer öppnades och den privata handeln började återigen. Mellan oktober 1921 och oktober 1922 ökade produktionen med 46 procent, och under året därpå var den 44 procent högre än föregående år.

Den 17 oktober 1921 erkände Lenin öppet sitt misslyckande. Inför en kongress med partiets politiska avantgarde sade han: ”Vi utgick från att det skulle vara möjligt att förändra den gamla ryska ekonomin till en statsekonomi på kommunistisk grund. Olyckligtvis gjorde vi ett misstag när vi försökte göra detta. Då vi är så obildade som vi är, kan vi inte förinta kapitalismen i ett slag ... Under inbördeskriget lyckades vi besegra fienden eftersom vi införde den allra strängaste disciplin i armén. Det återstår oss att upprätta den allra strängaste disciplin i vår armé av arbetare för att trygga vårt land, vår republik."[53] Nödvändigheten och inte Marx fick Ryssland att vända åter till Peter den store och Ivan den förskräcklige.

Den 21 januari 1924 dog Lenin i Gorkij nära Moskva, och makten övergick till Stalin (Iosif Vissarionovitj Dzjugasjvili, 1879–1953), som på grund av sin ohämmade brutalitet hade utnämnts till partiets generalsekreterare av Lenin. Vad som återstod av marxismen ympade han in på den ryska asiatisk-bysantinska traditionen, den totalitära statskapitalismen utvecklades snabbt och alla förpassades till en proletär nivå. Politbyrån blev diktator med den hemliga polisen som sin förlängda arm, och den ständigt växande byråkratin förvandlades till en ny medelklass. Oswald Spengler skrev 1931: "Vad den sovjetiska regimen har försökt göra de senaste femton åren är ingenting annat än att under nya namn återupprätta de politiska, militära och ekonomiska organisationer som man förintade."[54] En iakttagelse som stämde till punkt och pricka när Stalins Ryssland jämförs med vad markis de Custine har att säga om Ryssland under Nikolaj I 1839.[55]

I stället för att falla sönder stycke för stycke konsoliderades staten som ett föremål att dyrka med Stalin som den allvetande profeten. Marxistisk terminologi användes som liturgiskt språk. "I detta språk", skriver Borin, "kallades totalitär statskapitalism för kommunism. Politbyråns diktatur kallades för proletariatets diktatur. Den nya härskande klassens rikedom kallades för folkets rikedom. Samtidigt som den statliga kommunistiska byråkratin fortfarande omgav sig med marxistisk terminologi dömde man ut marxismens anda som reaktionär, kontrarevolutionär och fascistisk. Marxism i Ryssland innebar politbyrå och statlig polis. Alla av annan åsikt var dömda att dö."[56]

Såsom Tuchatjevskij hade förutsett bedömdes marxismen som en alltför modern och civiliserad teologi för ryssarna och i stället valde man att återvända till de gamla slaviska gudarna. Sovjetunionen återgick till det historiska Ryssland under "tredje Rom" och Tuchatjevskijs nederlag mot Piłsudski vid Warszawa var en inte obetydlig faktor i det skeende som fick landet att vända tillbaka till den gamla, traditionella tsaristiska vägen.

Noter

Redaktörens sammanfattning

1 Amiral sir Reginald Bacon: *A Naval Scrap-Book, 1877–1900*, Hutchinson.
2 Fuller.
3 Fuller.
4 Alla mina statistiska uppgifter är hämtade från de utmärkta tabeller som jämför brittisk och tysk ekonomi i Appendix I i *The Kaiser and His Times* av Michael Balfour, Cresset Press, 1964.
5 Citerad i *Yesterday's Deterrent* av Jonathan Steinberg, Macdonald, 1965.

Slagen vid Marne och Tannenberg 1914

1 Senare anslöt sig Rumänien och Portugal till trippelententen och Bulgarien till trippelalliansen. Grekland försökte förhålla sig neutralt, men när trippelententen ockuperade Thessaloniki tvingades man att ansluta sig till den.
2 Citatet är hämtat från förordet ("Conversations with the author, av W. T. Stead") i *Is War now Impossible?* (1899).
3 Andra uppfinningar var: Bells telefon, 1876; Parsons ångturbin, 1884; Dunlops pneumatiska däck, 1888; Batters bandförsedda traktor, 1888. Dessutom arbetade Rutherford och Soddy i början av århundradet med radioaktiva förlopp, vilket skulle leda fram till uppfinnandet av atombomben.
4 Själva idén var gammal och härrör från Christian Huygens 1680.
5 Samma år (1885) utvecklade Butler i England en trehjuling med en elektrisk bensinmotor.
6 Citatet är hämtat från major de Pardieu: *A Critical Study of German Tactics* (1912) s. 117. Den franska inställningen till det annalkande kriget summeras av general Herr i hans *L'Artillerie* (1923), s. 4–5. Bland annat säger han: "Kriget kommer att bli kort och kännetecknas av snabba trupprörelser, där manövrar

kommer att spela en viktig roll. Det kommer att bli ett snabbrörligt krig. I huvudsak kommer kampen att stå mellan infanteriet ... armén måste utgöras av trupp och inte materiel. Artilleriet kommer att vara ett underordnat vapenslag ... Tungt artilleri kommer sällan att vara av nöden ... Det vore slöseri med resurser att belasta armén med ett alltför stort artilleri."

7 De hämtade sin inspiration från överste Ardant du Picqs *Études sur le combat*, som överdrev den roll den moraliska faktorn spelade i kriget. Hans teori var helt i sin ordning när det gällde närstrid av klassiskt slag, någorlunda vettig för krigföring med musköt och bajonett, men vilseledande i fråga om gevärsstrider. Hans bok utövade ett starkt inflytande på den franska armén efter 1871.

8 *The Principles of War* (engelsk uppl., 1918), s. 286.

9 Ibid., s. 32.

10 *Correspondance*, del XXX, s. 447.

11 Det gjorde även amiral sir John Fisher i England, härav kölsträckningen av det första slagskeppet av typen *Dreadnought* 1905 (med samma namn).

12 Se J. F. C. Fuller: *Memoirs of an Unconventional Soldier* (1936), s. 23–26.

13 För en fullständig bild av general Michels plan, se: general Percin: *1914 Les Erreurs de haut commandement* (1922), s. 42–49.

14 *The Memoirs of Marshal Joffre* (engelsk uppl. 1932), del I, s. 12. Dessa memoarer skrevs inte av Joffre själv, utan av en av hans stabsofficerare.

15 Citatet är hämtat från general Arthur Boucher: *Les lois éternelles de la guerre* (1925), del II, s. 144–145.

16 *Les erreurs de haut commandement*, s. 121.

17 General Adolphe Marie Messimy: *Mes Souvenirs* (1937), s. 349–350.

18 *The Memoirs of Marshal Joffre*, del I, s. 30.

19 Jean de Pierrefeu: *Plutarque a menti* (1922), s. 38.

20 Ibid. s. 55.

21 *Les lois éternelles de la guerre*, del II, s. 126.

22 *The Memoirs of Marshal Joffre*, del I, s. 61 och 64.

23 Ibid., del I, s. 145.

24 Ibid., del I, s. 63 och 46. Det är intressant att notera att Jaurès i sin *L'armée nouvelle* (1899), s. 537, förutsade att tyskarna skulle använda sina reservenheter och rycka fram genom Belgien.

25 Ibid., del I, s. 69. När han 1919 av Briey-kommissionen fick frågan: "Vem utarbetade krigsplanen?" svarade han: "Generalstaben", och när han blev ombedd att precisera vilka officerare som varit inblandade replikerade han: "Det minns jag inte längre . ... En operationsplan är en idé man bär i huvudet och inte skriver ner på papper. ... Ni frågar mig om en mängd saker som jag inte kan svara på. Jag vet ingenting." (*Les erreurs de haut commandement*, se Appendix, s. 179–278, där kommissionens protokoll återges *in extenso*.)

26 Sir James Edmonds (*A Short History of World War I*, 1951, s. 16) menar att "1912 föreslog Schlieffen (som under mellantiden hade skrivit en bok om Cannae, ett slag som han betraktade som det förebildliga förintelseslaget) själv att hans plan från 1905 skulle ändras till förmån för den som sedan togs i bruk, på grund av förändrade förutsättningar och kravet att skydda Rhenlandets industri. Detta avslöjades 1934, under Hitlers tid vid makten, av den officer som gick igenom general von Moltkes efterlämnade arkiv". Om detta stämmer måste Schlieffens strategiska förmåga på ett sorgesamt vis ha förfallit under hans sjuttionionde levnadsår, för området vid Vogeserna är ett av de områden i Västeuropa som bäst lämpar sig för defensiva insatser, och att satsa på att här åstadkomma en snabb offensiv vore rena vansinnet. I fråga om detta skriver Görlitz (*The German General Staff, 1657–1945*, 1953, s. 142): "Till och med så sent som 1912 var han [Schlieffen] fortfarande sysselsatt med sin teoretiska planering, och det året – då han hade fått klart för sig hur kraftigt den offensiva viljan börjat gripa omkring sig i Frankrike – började han utveckla tanken att angripa längs hela fronten ända från Belgien till Schweiz. Men också på sin dödsbädd fortsatte han att i tanken bearbeta sin stora plan. Hans sista ord var: "Förvissa er om att den högra flygeln är stark."

27 General Tappen: *Jusqu'à la Marne en 1914* (fransk uppl.) s. 97.

28 General Huguet: *Britain and the War: A French Indictment* (engelsk uppl., 1928), s. 31.

29 *The Memoirs of Marshal Joffre*, del I, s. 124–125.

30 Ibid., del I, s. 135. Det är oerhört svårt att få reda på vad som egentligen hände. I Brieys förhör säger Joffre att han aldrig lät samla sina generaler då de alla visste exakt vad de skulle göra. Dessa motsägelser fortsätter kriget igenom.

31 Se marskalk Joffre: *Le préparation de la guerre et la conduite des opérations* (1900), s. 32 och *the Memoirs of Marshal Joffre*, del I, sid 141.

32 Gabriel Hanotaux: *Histoire illustré de la guerre de 1914* (1920–1927), del VIII, s. 246.

33 *Le préparation de la guerre et la conduite des opérations*, sid. 68 och överstelöjtnant Grouard: *La conduite de la guerre jusqu'à la bataille de la Marne*, s. 5.

34 *The Memoirs of Marshal Joffre*, del I, s. 159. Det verkar som om denna *hypotes* fick fast form den 17 och inte den 15, för den 16 tillkännagav en officiell kommuniké: "det forcerade anfall som genomförts av Belgien hade tyvärr misslyckats" (se Percin, s. 117).

35 Ibid., del I, s. 166.

36 Messimy: *Mes Souvenirs*, s. 350.

37 *The Memoirs of Marshal Joffre*, del I, s. 184.

38 Ibid., del I, s. 170.

39 Generalmajor sir Alfred Knox: *With the Russian Army, 1914–1917*, (1921), del 1, s. 78 och 86.

40 General von Hoffmann: *The War of Lost Opportunities*, (engelsk uppl. 1924), s. 12.
41 Se general Basil Gourko: *Memoirs and Impressions of the War and Revolution in Russia, 1914–1917* (1918), s. 31, 62.
42 Citatet hämtat från Knox: *With the Russian Army*, del I., s. 84.
43 Ibid., del I, s. 88.
44 General Ludendorff: *My War Memories* (engelsk uppl. 1920), del I, s. 45.
45 Marskalk von Hindenburg: *Out of my Life* (engelsk uppl. 1920), s. 81.
46 Ludendorff: *My War Memories*, del I, s. 46. Se också Hindenburgs: *Out of my Life*, s. 87–88.
47 Ludendorff: *My War Memories*, del I, s. 47.
48 *Out of my Life*, s. 87.
49 *My War Memories*, del I, s. 47–49.
50 Ibid., s. 53.
51 Gourko: *Memoires and Impressions*, etc., s. 64.
52 *With the Russian Army, 1914–1917*, del I, s. 68.
53 Ibid., del I, s. 84.
54 *Out of my Life*, s. 99.
55 En dramatisk redogörelse för Samsonovs sista timmar ges av general Gourko, se *Memoires and Impressions*, etc., s. 65–67.
56 General Tappen: *Jusqu'à la Marne en 1914*, s. 112. (Se också *Documents Allemands sur la bataille de la Marne*, 1930.)
57 Hoffmann: *The War of Lost Opportunities*, s. 34–35. General Hoffmann säger att det första av dessa samtal ägde rum ”under en av de första dagarna under slaget av Tannenberg”. Ludendorff säger: ”Telegrammet som lät meddela de föreslagna förstärkningarna kom just när slaget vid Tannenberg inleddes” (del I, s. 58), vilket förmodligen stämmer. Vidare säger han: ”Beslutet att försvaga armén vid västfronten var förhastat … Men det var särskilt ödesdigert att förstärkningarna till östfronten hämtades från högerflygeln, som befann sig mitt uppe i en avgörande strid” (del I, s. 58–59). Och vidare: ”Om Moltke inte hade skickat iväg reservgardeskåren och den XI. kåren … skulle allt ha avlöpt till det bästa. Om han nu nödvändigtvis hade behövt skicka något, borde han ha tagit kårer från vänsterflygeln.” (se *Army Quarterly*, del III, s. 50). General von Kluck säger samma sak (se *The March on Paris*, engelsk uppl. 1920, s. 77).
58 *Mes Souvenirs*, s. 368–370.
59 *Mémoires du Général Galliéni* (1926), s. 21.
60 *The Memoirs of Marshal Joffre*, del I, s. 193.
61 *Les Armées Françaises dans la Grande Guerre* (den franska officiella historieskrivningen), band I, del II, bilagor del I, bilaga nr 372, s. 263.
62 Percin: *1914 Les erreurs du haut commandement*, s. 276.

63 *The Memoirs of Marshal Joffre*, del I, s. 190–193. Författaren av Joffres memoarer är många gånger opålitlig. På sidan 146 påstår han att Joffre sagt att han den 23 augusti blev medveten om att tyskarna använde reservenheter och sedan skriver han att Joffre den 25 augusti skulle ha sagt: ”Eftersom jag fortfarande var förvissad om att tyskarna endast använde reguljära armékårer i sina offensiver operationer” etcetera.
64 *Les Armées Françaises*, etcetera, band I, del II, bilagor del I, bilaga 395, s. 278–280. Se också Band I, del II, s. 116 och 580–581.
65 Ibid., bilaga 619, s. 421.
66 Citatet hämtat från brigadgeneral E. L. Spears. *Liaison, 1914* (1932), s. 533–534. Se också Sewell Tyng: *The Campaign of the Marne, 1914* (1935), s. 371–374.
67 von Kluck: *The March on Paris*, s. 75–76.
68 Se *Memoirs of Marshal Joffre*, del I, s. 213–214.
69 Huguet: *Britain and the War* (1928), s. 75.
70 von Kluck: *The March on Paris*, s. 82–83.
71 von Bülow: *Mon rapport sur la Bataille de la Marne* (fransk uppl. 1920), s. 51.
72 Ibid., s. 51.
73 Joffre: *La préparation de la guerre*, etcetera, s. 95–96.
74 Tappen: *Jusqu'à la Marne en 1914*, s. 115.
75 von Bülow: *Mon rapport sur la Bataille de la Marne*, s. 54.
76 von Kluck: *The March on Paris*, s. 91.
77 Ibid., s. 94.
78 Ibid., s. 95.
79 Citatet hämtat från Spears: *Liaison, 1914*, s. 365–366.
80 *Mémoire du Général Galliéni*, s. 77.
81 Ibid., s. 81.
82 Ibid., s. 93–94. Se också: *Les carnets de Galliéni* (1932), s. 58–59.
83 *Memoirs of Marshal Joffre*, del I, s. 241.
84 Pierrefeu: *Plutarque a menti*, s. 98–99. Se också Spears: *Liaison*, s. 372–373.
85 *The March on Paris*, s. 100.
86 *Mon rapport sur la Bataille de la Marne*, s. 56.
87 Tappen: *Jusqu'à la Marne en 1914*, s. 106, 116.
88 Spears: *Liaison, 1914*, s. 399.
89 *Memoirs of Marshal Joffre*, s. 246.
90 Spears: *Liaison, 1914*, s. 406–407, och Galliéni: *Mémoires*, s. 119–128.
91 Joffre: *La préparation de la guerre*, etcetera, s. 108–110.
92 *Mémoires du Général Galliéni*, s. 112.
93 Kluck: *The March on Paris*, s. 105.
94 Ibid., s. 107.
95 Spears: *Liaison, 1914*, s. 417. Se också *Memoirs of Marshal Joffre*, del I, s. 253–254.
96 *The Memoirs of Marshal Joffre*, del I, s. 255.

97 Allt som allt verkar general Maunoury ha haft ungefär 150 000 man under sitt befäl. Se *Mémoires du Général Galliéni*, s. 110–111.

98 På kvällen den 6 september påträffades en order från Joffre på en fånge som avslöjade attackens omfattning (se Tappen: *Jusqu'à la Marne*, s. 116).

99 Bülow: *Mon rapport sur la bataille de la Marne*, s. 68.

100 I *La direction suprème de l'armée pendant la bataille de la Marne* (Documents Allemands), s. 133 skriver överstelöjtnant Müller-Löbnitz: ”Också under slaget avstod överbefälhavaren från att blanda sig i.” Müller-Löbnitz berättar för oss att general Tappen sade till honom: ”Överbefälhavaren ansåg att det var bäst att ge armébefälhavarna fria händer.”

101 Se kommendant Henri Carré: *La véritable histoire des taxis de la Marne* (1921).

102 Sewell Tyng: *The Campaign of the Marne* (1935), s. 251.

103 Den III. kåren, under befäl av generallöjtnant sir W. Pulteney, skapades den 30 augusti.

104 *Plutarque a menti*, s. 121.

105 Müller-Löbnitz: *La direction suprème de l'armée*, s. 137.

106 Ibid., s. 138–139.

107 *Mon rapport sur la bataille de la Marne*, s. 66.

108 Müller-Löbnitz: *La direction suprème de l'armée*, s. 161.

109 Se Kluck: *The March on Paris*, s. 137.

110 Walter Görlitz: *The German General Staff* (engelsk uppl. 1953), s. 162.

111 Ibid., s. 162.

112 Se Tappen: *Jusqu'à la Marne en 1914*, s. 121.

113 *History of the Great War, France and Belgium, 1914*, del. I, s. 295.

Krönika: Taktiskt dödläge och förändrade mål

1 ”Också innan slutet av kampanjen 1914”, skriver Lloyd George, ”hotade den ryska armén att kollapsa beroende på undermålig utrustning” (*War Memoirs*, 1933, del I, s. 441).

Redaktörens sammanfattning

1 ”Fienden reste sig upp och började rycka fram. De hejdades genast: med bröstvärnet som stöd för våra gevär var det omöjligt att missa. Angreppet var egentligen över redan innan det börjat … tio man som höll en skyttegrav kunde utan problem stoppa över femtio man som angrep den” (Frank Richards: *Old Soldiers Never Die*, 1933, s. 36).

2 Winston S. Churchill: *The World Crisis, 1915*, (1923), s. 20.
3 *War Memories of David Lloyd George* (1933), del I, s. 356.
4 Lady Wester Wemyss: *The Life and Letters of Lord Wester Wemyss* (1935), s. 194.
5 Citerad i John North: *Gallipoli, The Fading Vision* (1936), s. 83.
6 Fuller: *The Conduct of War, 1789–1961*, 1961.
7 Ibid., s. 161–162.
8 Robertson: *Soldiers and Statesmen*, 1926.
9 ANZAC – de australiska och nyzeeländska armékårerna.
10 *The Conduct of War*, s. 161.

Krönika: Krigets utveckling 1915–1918

1 Efter att konvojsystemet införts – med hjälp av USA – sjönk antalet sänkta fartyg från 169 i april till 75,5 per månad fram till årets slut, och därav inte ett enda trupptransportfartyg.
2 Antalet är hämtat från sir James Edmond (*A Short History of World War I*, 1951, s. 252). Enligt den brittiska *Official Strategical Abstract* (1920) uppgick förlusterna mellan 31 juli och 31 december vid det tredje slaget om Ypres till 380 355 och i slaget vid Messines till 108 882.

Slaget vid Amiens 1918

1 De inledande brittiska bombardemangen blev snabbt alltmer omfattande: i slaget vid Hooge (1915) avlossades 18 000 granater, vid Somme (1916) 2 000 000, vid Arras (1917) 2 600 000, vid Messines (1917) 3 500 000 och under det tredje slaget vid Ypres (1917) 4 300 000.
2 Under det tredje slaget vid Ypres var man tvungen att forsla fram mat och granater med hjälp av packhästar som om det rört sig om krigföring i bergig terräng.
3 Mot slutet av 1915 började tyskarna använda granater med fosgen, och sommaren 1917 nysämnen (difenylklorarsin) och senapsgas (diklordietylsulfid). Senapsgasen var en oerhört lättflyktig, oljig vätska och ett mycket effektivt vapen. De amerikanska förlusterna till följd av gasanfall (i huvudsak senapsgas) uppgick till 74 779 eller 27,3 procent av det totala antalet döda och sårade. Dödligheten låg dock så lågt som på 1,87 procent.
4 Tyskarna genomförde 111 flyganfall mot England och fällde 8 500 bomber som vägde ungefär 300 ton: 1 413 människor dödades, 3 407 sårades och värden för

3 000 000 pund förstördes. I Tyskland dödades 720 människor, 1 754 sårades och värden för 1 175 000 pund förstördes.

5 Se hans bok *Eyewitness* (1932).

6 Se J. F. C. Fuller: *Tanks in the Great War* (1920), kap. I.

7 Så blev inte fallet. Hans tankegång övertogs av överste Schumann och testades under de tyska höstmanövrarna 1889 och 1890. Idén prövades också av den rumänska armén (*Journal of the Royal United Service Institution*, vol. XXIV, s. 867–889 och 1029–1035).

8 Det var slaget vid Hamel snarare än slaget vid Cambrai som lade grunden till den brittiska pansarkårens rykte. (Se *Tanks in the Great War*, kap. XXVII, samt J. F. C. Fuller: *Memoirs of an Unconventional Soldier* (1936), s. 287–290.)

9 *Military Operations France and Belgium, 1918* (*British Official History*, red. Sir James E. Edmonds, 1947), del IV., s. 3.

10 Den krypande spärrelden introducerades 1916 under slaget vid Somme.

11 Se *Memoirs of an Unconventional Soldier*, s. 299.

12 Se British Official History, 1918, del IV, s. 154.

13 Ibid., s. 52.

14 De hade svaga motorer, var långsamma, klumpiga och iögonenfallande. Trupper som suttit upp på fordonen blev svårt förgiftade av avgaser och var många gånger helt oförmögna att delta i strid när man nådde fram till målet.

15 Den 1. australiensiska divisionen nådde fram från sin ställning i norr först den 7 augusti, och fördes till kårens reserv.

16 Nästan alla gick emellertid att reparera.

17 Ett sådant förekom i närheten av Harbonnières, men det visade sig att fienden utgjordes av en tysk transportkolonn. Fyrtiosex tyskar dödades eller tillfångatogs av den 1. kavalleribrigaden.

18 Arnolds rapport återges oavkortad i *Tanks in the Great War*, s. 230–235.

19 Generalmajor sir Archibald Montgomery: *The Story of the Fourth Army* (u.å.) s. 52.

20 Befälhavare M. Daille: *La Bataille de Montdidier* (1922), s. 197.

21 *The Story of the Fourth Army*, s. 61.

22 *The Private Papers of Douglas Haig, 1914–1919* (red. Robert Blake, 1952), s. 313–324.

23 *British Official History, 1918*, del IV, s. 154–155.

24 *My War Memories*, del II, s. 679.

25 Citatet hämtat ur *British Official History, 1918*, del IV, s. 88.

26 *Quatre ans au G. Q. G. Austro-Hongrois*, s. 285.

27 *My War Memories*, del II. s. 683.

28 *British Official History, 1918*, del IV, s. iv.

29 *Weekly Tank Notes*, 10 augusti–2 november 1918, s. 9, 14, 25, 26.

30 *My War Memories*, del II, s. 684.

31 Citatet hämtat ur *British Official History*, del IV, s. 140.

32 *My War Memories*, del II, s. 684–687.

33 Ibid., del II, s. 721.

Redaktörens sammanfattning

1 Se Terraine: *The Western Front*, s. 180–181, Hutchinson, 1964.

2 Citatet hämtat från Harold Temperley: *The Foreign Policy of Canning, 1822–1827* (1925), s. 463.

3 Citatet hämtat från *The Cambridge History of British Foreign Policy*, del III, s. 9–10.

4 *Parliamentary Debates* ("Hansard"), del CXIII, fjärde serien, den 13 maj, 1901, spalterna 1574–1575.

5 Citatet hämtat från S. E. Morison och H. S. Commager: *The Growth of the American Republic*, del I, s. 358.

6 Båda citaten hämtade från överstelöjtnant F. O. Mische: *Danubian Federation* (u. å.) s. 30.

7 *Masaryk in England* (1943) s. 113–114.

8 Arthur Bryant: *Unfinished Victory* (1940), s. 3. Se också s. 9 och 10.

9 Napoleon kunde ha uppammat "den uppdämda djuriskheten" hos de ryska livegna och den ukrainska befolkningen 1812, och han kunde ha eldat massorna till en revolution under de hundra dagarna, men han avstod (Eugene Tarle: *Napoleon* 1936), s. 289, 381. Hertigen av Wellington var skräckslagen inför tanken på att råka stimulera till revolution i något land och 1871 avstod Bismarck från att försöka åstadkomma vänskapliga relationer med Pariskommunen.

10 Ett stort antal sådana här förmenta övergrepp finns förtecknade i Arthur Ponsonby: *Falsehood in War-Time* (1936).

11 James Duane Squires: *British Propaganda at Home and in the United States from 1914 till 1917* (1935), s. 67–68. I appendixet förtecknas 277 publikationer och böcker med brittisk propaganda som skickades till USA mellan de ovan angivna årtalen. Se också George Sylvester Viereck: *Spreading Germs of Hate* (1931).

12 *War as an Instrument of National Policy* (1929), s. 34–35.

13 Om demokratiernas krigslystnad se Hoffman Nickersons böcker *Can We Limit War?* (1934) och *The Armed Horde* (1940).

Krönika: Den ryska revolutionen

1 I svensk översättning 1949 av Gunnar Hagwall och Anders Cyrus med titeln *Tekniken och samhällsutvecklingen*, ny upplaga 1984 med titeln *Teknik och civilisation.*

2 I svensk översättning 1947 av Helge Åkerhielm och Eivor Harlin med titeln *Människans villkor.*

Slaget vid Warszawa 1920

1 Pierre Fervacque: *Le chef de l'armée rouge, Mikail Tukachevski*, s. 24.

2 Ibid., s. 67.

3 Ibid., s. 73–75.

4 Ibid., s. 20.

5 Ibid., s. 111.

6 Ibid., s. 62.

7 Viscount D'Abernon: *The Eighteenth Decisive Battle of the World* (1920), s. 38–39.

8 Citatet hämtat från Eric J. Patterson: *Pilsudski Marshal of Poland* (1935), s. 127.

9 *Le chef de l'armée rouge*, s. 36.

10 D'Abernon: *The Eighteenth Decisive Battle of the World*, s. 77.

11 Ibid., s. 68, 76.

12 Det är omöjligt att ange korrekt numerär för respektive armé. Antalet stridande fluktuerade under hela kampanjen.

13 Fervacque: *Le chef de l'armée rouge*, s. 123.

14 Trotskij: *History of the Russian Revolution* (1932–1935), del III, bok 2, s. 102.

15 Józef Piłsudski : *L'Année 1920* (1929), s. 51.

16 Ibid., bilaga I, "La marche au delà de la Vistula", M. Tuchatjevskij, s. 215.

17 Ibid., s. 231–232.

18 *The Eighteenth Decisive Battle of the World*, s. 27. Denna propaganda var tveeggad. Chamberlain påpekar att de sovjetiska soldaternas moral undergrävdes när de kom fram till utkanten av Warszawa och "fick höra att det fanns arbetare bland de frivilliga i de polska trupperna". (*The Russian Revolution* (1935), del II, s. 317.)

19 *Le chef de l'armée rouge*, s. 124.

20 *L'Année 1920*, bilaga I, s. 218

21 Ibid., s. 217.

22 Ibid., s. 16. Citat från Froloffs *Approvisionnement de l'armée rouge sur le front occidental* (på ryska).

23 Ibid., s. 78, 84.

24 Ibid., s. 113–114.
25 Ibid., noter, s. 286.
26 Ibid., s. 120.
27 Ibid., bilaga I, s. 234.
28 Ibid, noter, s. 298–299.
29 Robert Machray: *The Poland of Piłsudski*, s. 112–113.
30 Den 27 maj 1919 hade Lenin skrivit sålunda till de ungerska kommunisterna: ”Var hårda. Om socialisterna som anslöt sig till er i går visar sig vara vankelmodiga, eller om sådana känsloströmningar gör sig gällande bland bourgeoisien måste man, för att upprätthålla proletariatets diktatur, vara noga med att skoningslöst sätta stopp för detta. I krig förtjänar ynkryggen att bli skjuten.” (Lenin: *Collected Works*, del XVI, s. 229.)
31 D'Abernon: *The Eighteenth Decisive Battle of the World*, s. 15.
32 William Henry Chamberlain: *The Russian Revolution, 1917–1921* (1935), del II, s. 208. Se också Louis Fischer: *The Soviets in World Affairs* (1930), s. 267 och *The Eighteenth Decisive Battle of the World*, s. 70–71.
33 *L'Année 1920*, s. 136–141.
34 Ibid., s. 142.
35 Ibid., s. 146.
36 Tillståndet i Tuchatjevskijs armé vid denna tidpunkt skildras i Camon: *La Manœuvre Libératrice* (1929), s. 109.
37 Se Sikorski: *La campagne Polono-Russe de 1920*, s. 70–77. I sin kommentar till detta skriver general Camon: ”I den polska generalstaben, liksom i den tyska 1914, och också i andra generalstaber under samma period, uppfattade den operativa ledningen att den var betydligt mer kompetent än överbefälhavaren – som när allt kom omkring bara var en amatör – och återkom gång efter annan till tanken på att hejda bolsjevikernas framryckning genom ett motanfall som sattes in från frontens vänstra sida” (*La Manœuvre Libératrice*, s. 31), vilket också var den idé som general Weygand förfäktade.
38 Se Sikorski: *La Campagne Polono-Russe de 1920* (1929), s. 53–56 och Camon: *La Manœuvre Libératrice*, s. 34–41.
39 I Lenins *Collected Works*, del XVII, s. 308 kan vi läsa: ”Stämningen i Tyskland befann sig på kokpunkten när våra trupper närmade sig Warszawa.”
40 *L'Année 1920*, bilaga I, s. 244–245.
41 Sikorski: *La Campagne Polono-Russe de 1920*, s. 79.
42 *L'Année 1920*, s. 147.
43 *La Campagne Polono-Russe de 1920*, s. 181.
44 *L'Année 1920*, s. 152.
45 Ibid., s. 152.
46 Ibid., s. 153.
47 Ibid., s. 165–166.

48 Ibid., bilaga, s. 250–251.

49 Ibid., bilaga, s. 251–252.

50 Vad gäller dessa två slag, se artiklar av den franske generalen Faury i *Revue militaire française* från februari och mars 1922 och mars 1929. Faury var 1920 knuten till general Skierski, som hade befäl över den polska fjärde armén.

51 *L'Année 1920*, s. 255.

52 Citatet hämtat från Machary: *The Poland of Piłsudski*, s. 118.

53 Citatet hämtat från V. L. Borin: *Civilization at Bay* (1951), s. 91.

54 *Man and Technics* (engelsk uppl., 1932) s. 99.

55 Se *Journey for our Time*, översatt av Phyllis Perm Kohler (engelsk uppl. 1953).

56 *Civilization at Bay*, s. 103.

BILAGA

Ur J. F. C. Fullers *Pansarkrig. Operationer mellan mekaniserade stridskrafter*

(*Armoured Warfare* 1943, sv. övers. 1945)

Översatt av J. E. V. Landin

I. Stridskrafterna, truppföringen och krigets lagar

1. *Inledning*

I våra dagar har varje armé att möta den största revolution, som någonsin skett i lantkrigföringens historia, en revolution som är en parallell till eller måhända överträffar den som ångkraften åstadkom på sjökrigföringens område. Det är sant att ångkraften medförde en oerhörd ökning av arméernas storlek samt av vapnens skottvidder och förstörelseverkan. Likaså utvidgades i hög grad arméernas administrativa och strategiska inflytande. Men ångan ändrade icke-radikalt deras organisation, därför att taktiken trots vapenförbättringarna i stort förblev densamma.

Men genom uppfinningen av bensinmotorn började taktiken anta främmande och oväntade former. För det första uppstod genom flyget ett helt nytt vapenslag; för det andra ökade bilen oerhört arméernas underhållsförmåga och ledde direkt till att pansaret åter infördes; för det tredje betraktades dödande, blåsdragande och tårretande gaser definitivt såsom vapen. Liksom under femtonde och sextonde århundradet ändringarna i organisation och utrustning berodde på uppfinningen av krutet och under nittonde århundradet på ångkraften och kemins utveckling, måste källan till de radikala ändringarna i vårt århundrade sökas hos oljan och elektriciteten.

Tillsammans med de högexplosiva sprängämnena, ångkraften och kemin kan de inte undgå att så fullständigt ändra hela bilden av krigföringen att nya militära dispositioner blir nödvändiga.

Det kan inte förnekas att vi i våra dagar upplever en så snabb utveckling, eller evolution, på det administrativa, strategiska och taktiska området och därigenom även i fråga om organisation, truppföring och disciplinära frågor att vår nuvarande krigskonst revolutioneras. Den är nu så otidsenlig att om vi inte fattar vad utvecklingen bär i sitt sköte, är det sannolikt farligare att i ett nytt krig lita på den nuvarande krigskonsten, än att börja kriget totalt okunnig i militära ting. Skälet härför är att en oförvillad hjärna lätt kan anpassa sig efter omständigheterna, medan en hjärna fylld av omodern kunskap först måste göra sig fri från denna.

Under föreläsningarna ska jag söka skissera de nya teorierna som bensinmotorn skapar för krigföringen, teorier, grundade på en helt ny rörlighet och snabbhet.

Tills för ungefär hundra år sedan skedde alla förflyttningar med muskelkraft. Så förblev det, med undantag för järnvägstransporter av trupper och förnödenheter, ända till världskriget. Då började bilen modifiera strategin och taktiken. Lastbilen ökade kraftigt den radie, inom vilken underhåll var möjligt, ty den förband järnvägen med slagfältet. Därigenom blev inte endast den tidens stora artilleridueller möjliga. Fältbefästningar av hittills okänd styrka kunde också utföras. Personbilen ökade i hög grad möjligheterna till samband och personlig inspektion. Fastän generalerna och deras staber var beridna under kriget, bytte de ut sina hästar mot bilar, så snart känning vanns med motståndaren. Utan bilarna skulle personligt samband ha varit omöjligt.

Den naturliga utvecklingen av bilen blev pansarbilen och dennas närmaste ättling det banddrivna pansarfordonet eller stridsvagnen. Pansarbilen påverkade strategin genom ökade möjligheter till spaning och rekognoscering. Stridsvagnen påverkade radikalt taktiken, därför att den stängde ute gevärskulan, som varit det viktigaste stridsmedlet i tidigare krig. Medan dittills kulan otvivelaktigt hade visat sig verksammare i försvar än i anfall, sjönk dess kraft genom pansaret nästan fullständigt. Resultatet blev att det enda vapen som stridsvagnen behövde frukta var kanonen. Men så länge kanonen är opansrad och saknar skydd mot gevärseld, är den ett bräckligt skydd åt av stridsvagnar anfallet infanteri och även ett medelmåttigt pansarvärnsvapen.

Den största framtida förändringen, som världskriget uppdagade, var sannolikt flygets verkan. Strategiskt skapade flygplanet ett helt nytt fält för spaning och rekognoscering. Taktiskt modifierade det inte blott artilleritaktiken radikalt. Genom dess förmåga att nå över lantstridskrafterna låg även civila och militära mål i hemorten öppna för anfall. En ny dimension tillkom i krigskonsten, så full av möjligheter att somliga anser att arméer och flottor blir värdelösa. Även om det inte skulle bli så, är det ett faktum att dessa vapenslags betydelse kommer att modifieras i hög grad.

2. *Krigets natur*

Krigets karaktär ändras alltefter stridsmedlen. Detta är ett fastslaget faktum. Men man får inte förbise att stridsmedlen inte förändras av sig själva, utan emedan civilisationen gör det. I våra dagar uppstår krig av ekonomiska skäl, därför att den nuvarande civilisationen väsentligen är av ekonomisk natur med maskinen i en eller annan form som den viktigaste drivkraften. Eftersom nutiden till största delen är mekaniserad, så kommer vår tidsålders krig att anta ett liknande utseende, därför att militär organisation följer den civila. När Europa var nästan utan vägar var hästen det civila och militära transportmedlet. Följaktligen fanns det rytteri i överflöd. När Europa fick fler och bättre vägar och blev helt uppodlat, blev infanteriet automatiskt huvudtruppslaget. Alltså kan man säkert säga att eftersom industrin snabbt ersätter jordbruket som den viktigaste sysselsättningen för civiliserade nationer i våra dagar, så kommer den militära organisationen att följa efter. Stridskrafterna kommer att mer och mer baseras på maskiner, det nuvarande uttrycket för den i det civila livet bestämmande kraften.

Vad innebär detta? Tills helt nyligen kom de härdigaste och pålitligaste soldaterna från den jordbrukande befolkningen men om inte idag så i varje fall i en nära framtid kommer alla civila, som sköter maskiner i fred, att vara det huvudsakliga rekryteringsklientelet för armén. Det gäller särskilt sådana maskiner som omedelbart kan användas i krig – person- och lastbilar, bussar, traktorer och civila flygplan.

Vad innebär detta ur taktisk synpunkt? Eftersom var och en som kan köra något slags bil, snabbt kan utbildas i gevärs- eller kulsprutetjänst, innebär det att vi i framtiden troligen kommer att möta två former av krigföring: en som genomförs av välorganiserade arméer och en som genomförs av snabborganiserade gerillastyrkor. I boerkriget 1899–1902 var varje boer hästkarl och följaktligen sannolikt även användbar som beriden infanterist. Likadant är det nu. Varje chaufför är sannolikt användbar som motorinfanterist. Under dessa förhållanden är det föga troligt att man i ett nytt krig inte skulle använda sig av sådana irreguljära styrkor. I själva verket är det sannolikt att de kommer att finnas i överflöd – liksom under 1700-talet – varvid kroater, serber och tyrolska skarpskyttar ersätts med bil- och bussförare. Hur man ska använda sådana styrkor, offensivt och defensivt, är ett av de nya och långtifrån minsta krigsproblem, som vi måste ta ställning till.

Eftersom industrin är grunden för mekaniseringen, blir den logiska följden att framdeles endast industrialiserade länder med framgång kan ge sig in i organiserad krigföring. När krig berodde på hästar, som under medeltiden, hade ett land med få hästar små möjligheter mot ett land med riklig tillgång på hästar. På den tiden var också ett land som kunde producera rustningar övermäktigt ett land som inte kunde det. Även i våra dagar kommer ett land, som har få industrier och framställer få mekaniska fordon att i verkligheten bli maktlöst mot invasion.

3. Stridskrafterna

Om jag har rätt i mitt antagande, att industrin nu är den faktor som kontrollerar kriget, följer därav att våra nuvarande tankar om stridskrafterna i sin helhet måste modifieras och arbetas om. Under vad jag kallar ”krigets jordbrukarperiod” sökte man styrkan i antalet, varvid omfånget begränsades av underhållsmöjligheterna. Före ångloket och järnvägens tillkomst var arméerna jämförelsevis små, emedan tillförsel och undanförsel berodde på landsvägstransporter; men när ångkraften kom arméerna till hjälp, växte de så enormt att strategin och taktiken, som behärskades av underhållsmöjligheterna, övergick till metodik. Genom den kunde stridskrafternas förflyttningar ledas. Organisationen följde efter. Medan taktiken på 1700-talet ofta grundlades genom drill på kaserngården, sökte man under senare hälften av 1800-talet underlätta ledningen genom att ersätta individens självverksamhet med trossatser och dogmer. Alla chefer drillades att tänka lika, ofta utan hänsyn till verkliga eller sannolika omständigheter. Därför förde varje oväntad händelse och felaktig beräkning med sig att ledningen av massorna lätt gick förlorad. Så blev fallet inom fjorton dagar efter världskrigets början.

Motoriseringen och mekaniseringen av stridskrafterna ändrar totalt hela detta sätt att organisera striden och tänkandet. För det första är det sannolikt att, som jag förut visat, den primitivaste av alla krigföringsformer, gerillakrigföringen, åter upplivas. Eftersom den tydligen kräver stor initiativkraft av truppföraren, kommer denna oundgängliga egenskap att tvinga sig på cheferna för organiserade stridskrafter. För det andra kommer kostnaden för att uppsätta mekaniserade arméer att begränsa storleken. Medan under världskriget miljontals infanterister mobiliserades, är det högst osannolikt att någon nation i nästa krig kan sätta upp mer än några få tusental stridsvagnar.[1] Eftersom dessa vagnar kan förflyttas långt snabbare än infanteri, måste mekaniserade styrkor vara fullt mobiliserade i fredstid för att göra det möjligt att ta initiativet vid ett krigsutbrott. Detta leder till den tredje slutsatsen – för strid välutbildade yrkesarméer kommer att ersätta nuvarande, under kort tid utbildade värnpliktshärar. Detta innebär inte med nödvändighet, att värnplikten kommer att försvinna. Men de värnpliktiga blir soldater av "andra graden" – det vill säga krigare av en sämre klass; soldater, som besätter, organiserar och försvarar av mekaniserade styrkor tagna områden.

Härav kan man sluta sig till att dessa soldater i huvudsak kommer att vara en kombination av pionjärer och fältpoliser.

4. Stridskrafternas användning

Vi har nu kommit fram till de tre viktigaste kategorierna av soldater. Det är inte rytteri, artilleri och infanteri, utan motoriserade gerillatrupper, en mekaniserad första echelong och en opansrad andra echelong, varav en del förflyttas med bilar och en del fortfarande marscherar till fots. Det är en egendomlig bild, en bild som liknar organisationen av den makedoniska armén under Alexander den store. Motoriserad gerillatrupp kan jämföras med hans lätta rytteri, de mekaniserade styrkorna med hans järnskodda tunga rytteri och hans falang av järnskodda infanterister och den andra echelongen med hans understödstrupper, lätta trupper och lägerfolk.

Här gör jag en mindre avvikelse från ämnet. För studier om hur framtida krigföring möjligen kommer att te sig, finns inte några bättre tidsåldrar att rekommendera än antiken, medeltiden och 1700-talet. Under det senare skedet fanns gerillaförband i överflöd. Omvänt kan jag inte tänka mig någon sämre period än den, som oftast studeras – den period, som började med Spicheren år 1870 och slutade med slaget vid Cambrai den 20 november 1917.

Vilken var stridsvagnens dominerande betydelse vid Cambrai? Det var dess moraliska verkan. Där blev det klart att fruktan och inte förstörelse är stridskrafternas verkliga mål. Det betyder att anfall mot en armés nerver och därigenom mot viljan hos dess chef är mer lönande än att slå sönder soldaternas kroppar. Flyget bevisade detta ännu mera dramatiskt; det kunde inte endast anfalla arméns vilja genom att undvika dess kropp utan även den politiska och nationella viljan bakom armén. Flygstridskrafterna utgör därför en fjärde kategori soldater, vilken aldrig kan betraktas som helt avskild från de andra tre.

Av dessa skäl – flygets förmåga att verka mot den civila frontens vilja, de mekaniserade trupperna att verka mot den militära viljan och de motoriserade gerillatruppernas att sprida fruktan och förvirring – kan man förutsäga, att fysisk skadegörelse som nådde höjdpunkten under världskriget, gradvis och i allt snabbare takt kommer att ersättas av försök att demoralisera motståndarens vilja i dess olika former och därför inte blott riva upp hans arméer utan även folkets nerver.[2]

5. *Stridskrafternas ledning*

Det kan genast fastslås, att alla dessa förändringar måste få djupgående inflytande på truppföringen. Som Krimkriget, indiska upproret och amerikanska inbördeskriget tydligt visar var en gång farans stund lika med ärans stund och på detta förlitade sig härföraren instinktivt. Alltsedan år 1870 har, till stor del på grund av arméernas alltmer växande storlek och invecklade organisation, fältherrarna tvungits att avstå från denna ärorika ställning och övergå till att snarare bli administratörer än härförare. Den invecklade organisationen ökade snabbt staberna. Men dessa slukade det lilla som återstod av ledarförmåga, tills under världskriget det gamla med rätta skarpt ogillade systemet att leda trupp genom krigsråd åter infördes under nya, föga maskerande namn, så som konferenser och expertkommittéer.

Under världskriget kunde detta system inte frambringa en enda fältherre av rang, inte därför att sådana män saknades, utan därför att de omständigheter under vilka de tvingades arbeta kvävde initiativet. I ett maskinkrig med flygplan, som gör 325 km, bilar med en hastighet av 65 km och stridsvagnar, som gör 30–35 km i timmen, är ett sådant sätt att föra befäl vansinnigt. Under världskriget gick det – till stora kostnader; i ett mekaniserat krig går det helt enkelt inte alls. Vi måste därför än en gång återvända till den gångna tidens historia, till den tid, då fältherrarna verkligen förde och besjälade sina trupper genom att dela farorna med dem. Detta borde inte bli så svårt, som det måhända först kan synas. Allteftersom mekaniseringen fortskrider, kommer nämligen stridskrafterna att minska och inte att tillta i omfång. En mer fullständig skillnad kommer att uppstå mellan vad jag kallat soldater av första och andra klassen, mellan dem som genomföra striden och dem som besätter tagen terräng. Medan de senare fortfarande framförallt kräver en organisatör och en välorganiserad administrativ stab för sin ledning, kommer de förra att behöva en initiativkraftig ledare med en liten operativ stab. Fältherren kommer att var *hos* den stridande truppen, *i* slaget och inte utanför det.[3]

6. *Stridsplanen*

Eftersom initiativet i långt högre grad än metodiken kommer att visa sig vara nyckeln till framgång i alla operationer utom belägringar, måste planen vara enkel och alternativ. Mycket måste lämnas till underlydande chefers initiativ. Följaktligen är det inte blott grundtanken i en operation som måste vara känd av alla. Alternativ måste även genomtänkas. Följande exempel må anföras: grundtanken är att omfatta fiendens högra flygel vid a. Sluts inte säcken definitivt om fienden vid a kan han på ett par timmar flytta sina motoriserade eller mekaniserade styrkor till b och på så sätt hindra att den planlagda omfattningen fullföljs. För att förebygga att planen misslyckas på detta sätt, är tre fakta uppenbara. 1. Kan motståndaren bindas vid a, kan han inte flytta sig till b. 2. Om han inte kan bindas, måste han observeras så att hans rörelser kan rapporteras, i samma ögonblick som de börjar. 3. Om planen inte innehåller olika alternativ, så att riktningen kan ändras, *allt eftersom motståndaren förflyttar sig*, förloras mycket tid. Varje femminutersperiod, som slösas bort, kan betyda 2–3 kilometer på planens debetsida.

Här har vi en bild som mycket liknar sjökrigföringen. Den ursprungliga planen är i huvudsak en grundtanke, uttryckt på enklaste sätt. I anslutning till den beslutas en tillfällig gruppering. Grundtanken rättas därefter efter de tänkbara alternativ, motståndaren kan tillgripa, till exempel a, b, c, d. För vart och ett av dessa alternativ förbereds en stridsgruppering, som jag kallar w, x, y, z. Varje underlydande chef måste känna till såväl grundtanken som de alternativa planerna. Beroende på hur motståndaren rör sig, kommer ett av dessa alternativ att beordras till alla förband, som därefter handlar i enlighet med planen. Det kommer då inte att bli något avbrott i anmarschen eller anfallet, i förföljningen eller tillbakaryckningen. Ingen tid får förloras. Kort sagt, andan i varje plan måste bli att hushålla med tiden.[4]

För att lyckas i en sådan operation och för att undvika bakslag måste man handla snabbt. Vårt nuvarande system med skriftliga och väl detaljerade operationsorder måste därför ersättas med ungefär det system, som ovan skisserats. Ofta kan emellertid läget vara sådant, att man inte kan förutse alla drag, motståndaren kan göra. Likaså kan en viss åtgärd från fiendens sida medföra att grunden för planen kullkastas. I så fall är det klokt att ha ett ”återsamlingsalternativ”. Detta innebär att om motståndaren förflyttar sig i en riktning, som sannolikt kullkastar alla planlagda alternativ, så bör operationen avbrytas och insatta trupper snarast få order av defensiv karaktär. Detta är lämpligare än att försöka göra det bästa av en dålig sak, vilket ifråga om motoriserade och mekaniserade trupper lätt leder till förvirring och till att ledningen går förlorad.[5]

Kort sagt, planen syftar till att utveckla största möjliga initiativ utan att ledningen förloras. Truppföringen sker genom olika alternativ för stridens genomförande. Order för dessa ges till underlydande chefer i kodtext. Frihet och ansvar är de grunder på vilka planen måste vila snarare än metodik och lydnad. De senare principerna kan tillämpas, när det gäller långsamma infanteri- och artillerimassor.

7. *Krigets lagar*

Jag hoppas nu ha klarlagt de sannolika förändringarna i den militära organisationen och truppföringen och visat, hur revolutionerande de troligen blir och hur helt de avviker från den nuvarande utbildningen. Det kan nästan synas som om allting skulle behöva stöpas om. Finns det då inget stadigvarande som vi kan hålla oss till? Jo, lyckligtvis. Krigets lagar. Så snart man inser att de bildar grunden för mekaniserad likväl som för tidigare krigföring, står det klart att revolutionen i verkligheten är en evolution.

Det vi möter är inte en ny sorts krig, ett krig helt utan släktskap med den nuvarande typen, utan en ny form för kriget, en form, som uppstår ur bensinmotorn, vilken i hög grad ökar snabbheten i förflyttningarna och lastförmågan. Det finns ingenting absolut nytt under solen. Som jag redan påpekat, blottar ett studium av historien de många faser i krigföringen som ännu en gång kommer att upplevas under nästan identiska former. Litet forskning och eftertanke ska få oss att inse att all strategi och taktik i gången tid medvetet eller omedvetet har bestämts av krigets lagar. De gamla grundsatserna: lämplig styrkefördelning, kraftsamling, överraskning, skydd, anfall, rörlighet och samverkan gäller, vare sig en armé består av "fotsoldater, hästsoldater eller maskinsoldater". När allt kommer omkring är det tydligt att motorisering och mekanisering endast ändrar krigets förutsättningar och fältherrens verktyg och inte krigets lagar. Allt detta är så klart att jag ber mina åhörare att utan inskränkning acceptera krigets lagar, sådana de är, samt vidare att betrakta dem som den sista tillflykten vid studierna, vare sig dessa gäller förfluten, nuvarande eller kommande krigföring.

8. Tillämpning av krigets lagar

Det är i tillämpningen av krigets lagar efter de ändrade förutsättningarna som den nuvarande revolutionen ligger. De två viktigaste av dessa förutsättningar är ökad rörlighet och ökat skydd – det vill säga snabbhet och bepansring. Hastigheten har ökat från hästgaloppens (30 km i timmen) till flygplanets (325 km i timmen) och från infanteristens (6,5 km) till bilens (65 km) eller stridsvagnens (32 km). Därjämte har pansaret fullständigt besegrat gevärskulan, vare sig denna är pansarbrytande eller ej. Fastän otaliga andra ändringar i krigets förutsättningar håller på att ske, är dessa två tillräckliga för att visa, hur genomgripande revolutionen är.

Tillämpningen av krigets lagar beror i hög grad av motståndarens organisation och utrustning.

Tre alternativ möter oss: 1. Ena parten är inte mekaniserad. 2. Båda är delvis mekaniserade. 3. Båda är helt mekaniserade.

Är motståndaren inte mekaniserad och terrängen lämpad för mekaniska trupper, är det tydligt att en mekaniserad part kan tillämpa alla krigets lagar snabbare. Målet kan lättare nås, därför att rörlighet och skydd medger kraftsamling, överraskning och anfall. Dessutom uppnås säkrare samverkan och minskas förlusterna på grund av att fienden är underlägsen i av pansar skyddad anfallskraft. Mot en sådan motståndare är uppgiften i sanning alltför lätt för att någon diskussion skall behövas. Samma läge skulle uppstå för Karl VIII i Frankrike vid invasionen av Italien 1494. Machiavelli säger att Karl besegrade landet med ett stycke krita. Han avsåg därmed att Karl på grund av sitt starka artilleri, som ingenting – varken borgar, befästa städer eller arméer i fält – kunde motstå, endast behövde dra ett kritstreck på kartan över den plats, dit han ville gå för att också komma dit. En mekaniserad armé, som opererar mot en icke mekaniserad, kommer att göra precis samma sak. Det blir som att ställa upp moderna slagskepp till strid mot tredäckare från början av 1800-talet.[6]

När båda parter delvis är mekaniserade, är huvudregeln att hushålla med krafterna. Terrängen måste användas på ett riktigt sätt. De icke-mekaniserade styrkorna söker skydd mot anfall av motor- och pansartrupper genom att operera i bruten och betäckt terräng, medan de mekaniserade trupperna utvecklar sin rörlighet i lättframkomligare terräng på ett visst avstånd från de förra. De måste dock fortfarande samverka med dessa, som bör utgöra en taktisk bas för deras rörelser. De mekaniserade trupperna söker överraska motståndaren genom kraftansamling för anfall mot hans flanker eller rygg.

När båda parterna är helt mekaniserade, är det av största betydelse att åstadkomma överraskning och kraftansamling mot anfallsmålet samt att utveckla stor rörlighet. Härvid bör skyddet och anfallskraften samordnas, så att krafterna sparas. Eftersom rörligheten sannolikt är lika hos båda parter, blir överraskningen avgörande. Herraväldet i luften är därför av väsentlig betydelse.

Noter

1 Detta var sant 1939, möjligen med undantag för Ryssland. Det skulle visa sig att tyskarna hade omkring 5 000 moderna stridsvagnar, polackerna ett par hundra, italienarna omkring 1 200 och fransmännen och engelsmännen ungefär 4 000, varav största delen var omodern. Vid krigets utbrott var omkring tre fjärdedelar av alla stridsvagnar lätta.

2 Det är nu känt att nervkriget var en av de viktigaste punkterna i den tyska krigsteorin. Det lyckades över alla gränser i Norge, Holland, Belgien, Frankrike och i England, omedelbart efter Frankrikes sammanbrott, men misslyckades i Ryssland. Denna förutsägelse kan måhända därför anses innebära en övervärdering av nervkrigets betydelse.

3 Detta har visat sig riktigt beträffande pansartrupper, särskilt de tyska. Som en följd härav har tyskarna förlorat många generaler.

4 Det framgår av rapporterna från de olika libyska fälttågen att var och en av general Rommels slagplaner, trots hans mål – Egyptens ockupation – hela tiden stod fast, byggde på en serie alternativa drag. Av dessa valdes slutligen det som passade de omständigheter som rådde för ögonblicket.

5 Jag hyser den åsikten att om någon liknande åtgärd vidtagits innan general Cunningham anföll general Rommel den 18 november 1944, så hade den förvirring, som synes ha utmärkt striderna under de första dagarna, avsevärt minskats. Samma synpunkter kan läggas på ledningen av rytteriet förr i tiden, till exempel Cromwell vid Marston Moor och Naseby.

6 Frankrikes nederlag år 1940 är ett exempel härpå.

Bibliografi till del I–IV

Adams, Brooks: *The Law of Civilization and Decay* (1921).

Admiralty Committee Report (1913).

The Alexander Book in Ethiopia (1933).

Anderson, Romola: *The Sailing Ship: Six Thousand Years of History* (1926).

André, Marius: *La véridique aventure de Christoph Colomb* (1927).

L'Armée Anglaise Vaincue par Jeanne D'Arc sous les Murs D'Orléans, Boucher de Molandon (1892).

Les Armées Françaises dans la Grande Guerre.

Arrianos: *Alexander den store och hans krigiska bravader*, övers. Ivar A. Heikel (1944).

Athenaeus Naucratita: *The Deipnosophists: in seven volumes*, London (1927–37).

Atkinson, C.T.: *Marlborough and the Rise of the British Army* (1921).

Ayrault Dodge, Theodore: *Alexander* (1890).

Ayrault Dodge, Theodore: *Hannibal* (1891).

Bacon, sir Reginald: *A Naval Scrap-Book* (1925).

Baines, sir Edward: *History of the Cotton Manufacture* (1835).

Balfour, Michael: *The Kaiser and His Times* (1964).

Baring: *Domesday Tables for the Counties of Surrey, etc.* (1909).

Battles and Leaders of the Civil War (1887–88).

Becke, A.F.: *Napoleon and Waterloo.*

Benét, Stephen Vincent: *John Brown's Body* (1928).

Bertrand, Louis och sir Charles Petrie: *The History of Spain* (1934).

Bibesco, Georges: *Belfort, Reims, Sedan* (1872).

Bloch, I.S.: *Is War Impossible?* (1899).

Boguslawski, A. von: *Tactical Deductions from the War of 1870–71* (1872).

Bond, Brian: *Liddell Hart. A Study of his Military Thought* (1977).

Bond, Brian: ”What is Military History?”, i Juliet Gardiner (red.), *What is History*

Today…? (1990).
Borcke, Heros von: *Memoirs of the Confederate War of Independence* (1886).
Borin, V.L.: *Civilization at Bay* (1951).
Boucher, Arthur: *Les Lois Éternelles de la Guerre* (1925).
Bouquet: *Recueil des Historiens des Gaules.*
Boyer, Abel: *History of the Reign of Queen Anne digested into Annals* (1703–13).
Brakenbury, C.B.: *Frederick the Great* (1884).
Breasted: *The Conquest of Civilization* (1926).
Broadley, A.M.: *Napoleon in Caricature 1795–1821* (1909).
Broderick, Thomas: *A Complete History of the Late War in the Netherlands* (1713).
Brooks, Stephen: "Liddell Hart and his Papers", i Brian Bond och Ian Roy (red.), *War and Society. A Yearbook of Military History* (1977).
Bryant, Arthur: *Unfinished Victory* (1940).
Bryce, James: *The Holy Roman Empire* (1928).
Bülow, von: *Mon Rapport sur la Bataille de la Marne* (1920).
Burke, Edmund: *Two Letters on the Proposals for Peace with Regicide Directory of France* (1796).
Bury, J.B.: *A History of Greece* (1916).
Bury, J.B.: *History of the Later Roman Empire* (1923).
Busch, J.H.M.: *Bismarck in the Franco-German War* (1879).
Busch, Moritz: *Our Chancellor* (1884).

Caesar (Gajus Julius Caesar): *Kriget i Gallien*, övers. Åke Fridh (1963).
Calder, Angus: *The People's War. Britain 1939–45*, London (1969).
Calvert, sir Henry: *Journals and Correspondence of Sir Henry Calvert* (1853).
The Cambridge Ancient History (1923–).
The Cambridge History of British Foreign Policy (1922–23).
The Cambridge Medieval History (1911–36).
The Cambridge Modern History (1902–1912).
Camon, Hubert: *La Manœuvre Libératrice* (1929).
Campagne de Monsieur le Maréchal de Tallard en Allemagne 1704 (1763).
Campbell, John: *The Military History of Eugene and Marlborough* (1736).
Cantal, Pierre: *Études sur l'Armée Révolutionaire* (1907).
Carlyle, Thomas: *History of Frederick II of Prussia* (1888).
Les Carnets de Galliéni, red. Albin Michel (1932).
Carnot, Lazare: *De la Défense des Place Fortes* (1812).
Carnot, Lazare: *Mémoires sur Lazare Carnot* (1907).
Carré, Henri: *La Véritable Histoire des Taxis de la Marne* (1921).
Carrington, C.E.: *The British Overseas* (1950).

Chamberlain, William Henry: *The Russian Revolution, 1917–1921* (1935).
Chambray, Georges: *Des Changements Survenus dans l'Art de la Guerre 1700–1815* (1830).
Channing, Edward: *History of the United States* (1920).
Chant, Christopher: *World Encyclopedia of the Tank. An International History of the Armoured Fighting Machine*, London (1995).
Charras, Jean Adolphe Baptiste: *Histoire de la Campagne de 1815* (1863).
Chenier, L.J. Gabriel de: *Histoire de la Vie Militaire, etc., du Maréchal Davout* (1866).
The Chronicle of Florence of Worcester (1854).
The Chronicles of an Old Campaigner.
Chronicon Galfridi le Baker de Swynbroke, red. Edward Maunde Thompson (1889).
Chroniques de J. Froissart, red. Siméon Luce (1872).
Chuquet, Arthur: *Les Guerres de la Révolution.*
Chuquet, Arthur: *Valmy* (1915).
Churchill, John: *The Letters and Dispatches of John Churchill, First Duke of Marlborough* (1845).
Churchill, Winston S.: *Marlborough: his Life and Times* (1933–38).
Churchill, Winston S.: *The World Crisis, 1915* (1923).
Circourt, Adolphe Marie Pierre: *Histoire des Mores* (1846).
Clausewitz, Carl von: *Vom Kriege* (1832–34).
Clinton, Henry Fynes: *Fasti Romani* (1845–50).
Clowes, G.S. Laird: *The Royal Navy* (1897).
Colin, J.: *The Transformations of War* (1912).
Collingwood, G.L.: *Public and Private Correspondences of Vice-Admiral Lord Collingwood* (1829).
Colonie, M. de la: *The Chronicles of an Old Campaigner* (1904).
Corbett, Julian S.: *The Campaign of Trafalgar* (1910).
Corbett, Julian S.: *Drake and the Tudor Navy* (1898).
The Correspondence, 1701–1711, of John Churchill, First Duke of Marlborough and Anthonie Heinsius, Grand Pensionary of Holland, red. B. Van 'T Hoff (1951).
Couissin, Paul: *Les Armes Romaines* (1926).
Cousin de Montauban, Charles-Guillaume Marie-Apollinaire-Antoine: *Un Ministère de la Guerre de Vingt-quatre Jours* (1871).
Coxe, W.C.: *Memoirs of the Duke of Marlborough* (1820).
Cramon, A. von: *Unser österreich-ungarischer Bundesgenosse im Weltkriege: Erinnerungen aus meiner vierjährigen Tätigkeit als bevollmächtiger deutscher General beim k. u. k. Armeeoberkommando* (1920).
Creasy, sir Edvard S.: *The Fifteen Decisive Battles of the World* (1931).
Curtius (Quintus Curtius Rufus): *Quintus Curtius* (1946).

Cust, sir Edward: *Lives of the Warriors of the Thirty Years' War* (1865).
Custine, Astolphe de: *Journey for our Time* (1953).
Cämmerer, von: *The Development of Strategical Science during the 19th Century* (1905).

D'Abernon, Edgar Vincent: *The Eighteenth Decisive Battle of the World* (1920).
Daille, M.: *La Bataille de Montdidier* (1922).
Danchev, Alex: *Alchemist of War. The Life of Basil Liddell Hart* (1998).
Danilewski, N.: *Denkwürdigkeiten aus dem Kriege 1813* (1837).
Davies, T. Trevor: *The Golden Century of Spain, 1501–1621* (1937).
Decker, C. von: *Seven Years' War* (1839).
Deguignes, M.: *Histoire Générale des Huns, des Turcs, des Mongols, et des autres Tartares Occidentaux, avant et depuis Jésus Christ jusqu'à present* (1756–58).
Déroulède, Paul: *1870 – Feuilles de Route* (1907).
Derrécagix, V.B.: *Le Maréchal Berthier* (1904).
Desbrière, Edouard: *La Campagne Maritime de 1805, Trafalgar* (1907).
Desbrière, Edouard: *Projets et Tentatives de Débarquement aux Îles Britanniques* (1900–02).
Diodoros Siculus: *Diodorus of Sicily* (1933–67).
Dio's Roman History, övers. E. Cary (1916).
Djevad Bey, Ahmed: *État Militaire Ottoman depuis la Fondation de l'Empire* (1882).
Dockrill, Michael: *British Defence since 1945* (1989).
D'Odeleben, baron: *Relation Circonstanciée de La Campagne de 1813 en Saxe* (1817).
Dodge, Theodore Ayrault: *Gustavus Adolphus* (1890).
Ducrot, Auguste Alexandre: *La Journée de Sedan* (1871).
Dumas, Mathieu: *Souvenirs du Lieutenant-Général Comte Mathieu Dumas* (1839).
Dumouriez, Charles-François: *La Vie et les Mémoires du Général Dumouriez* (1822).

Early Travels in Palestine, red. Thomas Wright (1855).
Eaton, Clement: *A History of the Southern Confederacy* (1954).
Edmonds, sir James: *A Short History of World War I* (1951).
English Historical Documents, red. David Douglas.
Englund, Peter: *Poltava. Berättelsen om en armés undergång* (1988).
Ericson, Lars: "'... att finna de svaga punkterna och dit förlägga huvudkraften i anfallet'. Den svenska debatten om manövertänkande och uppdragstaktik 1917–1927", i Anders Cedergren och Peter A. Mattson (red.), *Uppdragstaktik. En ledningsfilosofi i förändring* (2003).
Ericson, Lars: "von Döbeln och Karl Johan – två svenska fältherrar", i Knut Peter Lyche Arstad (red.), *Hærføreren. Kritisk lys på feltherrerollen 1800–2000. Rapport*

fra Clio- och Mars-seminariet på Forsvarsmuseet 13.–14. november 2001 (2002).
Encyclopaedia Britannica (11. uppl.).

Fabre, Joseph: *Procès de Condamnation de Jeanne D'Arc: Traduction avec Eclaircissements.*
Fain, Agathon Jean François: *Manuscrit de Mil Huit Cent Treize* (1824).
Fauriel, Claude Charles: *Histoire de la Gaule Méridionale* (1836).
Fernandez Duro, Cesaero: *La Armada Invencible* (1884).
Ferrero, Guglielmo: *Peace and War* (1933).
Ferrero, Guglielmo: *Rom. Dess storhet och förfall* (1924).
Fervacque, Pierre: *Le Chef de l'Armée Rouge, Mikail Tukachevski.*
Fezensac, Raymond Émery Philippe Joseph de Montesquiou: *Souvenirs Militaires de 1804 à 1814* (1863).
Fighting Instructions 1530–1816, red. Julian S. Corbett (1895).
Fischer, Louis: *The Soviets in World Affairs* (1930).
Fiske, John: *The Discovery of America* (1892).
Fitzmaurice, lord Edmond: *Charles William Ferdinand, Duke of Brunswick* (1901).
Fletcher, C.R.: *Gustavus Adolphus* (1923).
Flinders Petrie, W.M.: *A History of Egypt* (1896).
Foch, Ferdinand: *The Principles of War* (1918).
Formigny, Desprez: *Histoire du Moyen Age.*
Fortescue, J.W.: *A History of the British Army* (1910).
Frantzes, George: *Chronicle of Constantinople* (1838).
Fraser, Edward: *The Enemy at Trafalgar* (1906).
Frazer, Augustus Simon: *Letters of Colonel Sir Augustus Simon Frazer, K.C.B.* (1859).
Frederic the Great: His Court and Times, red. Thomas Campbell (1843).
Fredrik II: *Histoire de mon temps* (1879).
Fredrik II: *Konungens av Preussen militairiska instruction för sina generaler* (1763).
Fredrik II: *Œuvres de Frédéric le Grand* (1847).
Fresne de Beaucourt, Gaston du: *Histoire de Charles VII* (1881–91).
Froissart's Chronicles, övers. Thomas Johnes (1854).
Froude, James Anthony: *History of England from the Fall of Wolsey to the Defeat of the Spanish Armada* (1864).
Fuller, J.F.C.: *British Light Infantry in the Eighteenth Century* (1925).
Fuller, J.F.C.: *The Conduct of War, 1789–1961* (1961).
Fuller, J.F.C.: *The Generalship of Ulysses S. Grant* (1929).
Fuller, J.F.C.: *Julius Caesar, Man, Soldier, and Tyrant* (1965).
Fuller, J.F.C.: *Memoirs of an Unconventional Soldier* (1936).
Fuller, J.F.C.: *Tanks in the Great War* (1920).

Galliéni, Joseph Simon: *Mémoires du Général Gallièni* (1926).
Gat, Azar: *The Origins of Military Thought. From the Enlightenment to Clausewitz* (1991).
The Gentleman's Magazine (1759).
The Geography of Strabo (1912).
George, Hereford B.: *Battles of English History* (1895).
George, Lloyd: *War Memoirs* (1933).
Gibbon, Edward: *Det romerska riktes nedgång och fall* (1869).
Gindeley, Anton: *History of the Thirty Years' War* (1884).
Goethe, Johann Wolfgang von: *Campaign in France in the Year 1792* (1859).
Goldoni, Carlo: *Memoirs of Carlo Goldoni* (1877).
Gordon, John B.: *Reminiscenses of the Civil War* (1904).
Gourgaud, Gaspard: *Campagne de Dix-Huit Cent Quinze* (1818).
Gourgaud, Gaspard: *Sainte-Héléne, Journal inédit* (1899).
Gourko, Vasilij: *Memories and Impressions of the War and Revolution in Russia, 1914–1917* (1918).
Grant, James: *Memoirs and Adventures of Sir John Hepburn* (1851).
The Great Persian War.
Gregorius av Tours: *The History of the Franks* (1927).
Grenfell, Russell: *Nelson the Sailor* (1949).
Gudmundsson; Bruce: *Stormtroop Tactics. Innovation in the German Army 1914–1918* (1989).
La Guerre de 1870–71 (1901).
Guibert, Jacques Antonie Hippolyte: *Œuvres Militaires de Guibert* (1803).
Guizot, F.: *The History of Civilization* (1856).
Görlitz, Walter: *The German General Staaf* (1953).

Hakluyt, Richard: *Hakluyt's Voyages* (1981).
Hallam, Henry: *View of the State of Europe during the Middle Ages* (1858).
Hammer, J. von: *Histoire de l'Empire Ottoman*.
Hanotaux, Gabriel: *Historie Illustré de la Guerre de 1914* (1920–27).
The Harleian Miscellany, red. J. Malham (1809).
Harrison, Frederic: *Oliver Cromwell* (1898).
Henry of Huntington: *The Chronicle of Henry of Huntington* (1853).
Henry, Philip: *Notes of Conversations with the Duke of Wellington, 1831–1851* (1886).
Herodotos historia, övers. Claes Lindskog (2000).
Herr, Frédéric Georges: *L'Artillerie* (1923).
Higham, John: *History. Professional Scholarship in America* (1986).
Hime, Henry W.L.: *Gunpowder and Ammunition, their Origin and Progress* (1904).
Hindenburg, Paul von: *Out of my Life* (1920).
Histoire de France Illustré depuis les Origines jusqu'à la révolution, red. Ernest Lavisse (1911–26).

Histoire de France Contemporaine, red. Ernest Lavisse (1921).
History of the Great War. France and Belgium, 1914.
The History of the Seven Years' War in Germany by Generals Lloyd and Tempelhoff (1783).
History of the United States.
Hobbes, Thomas: *Leviathan* (1996).
Hodgkin, Thomas: *Italy and her Invaders* (1880).
Hoffman, general von: *The War of Lost Opportunities* (1924).
Holden Reid, B.: *J.F.C. Fuller, Military Thinker*, London (1987).
Holland Rose, J. och A.M. Broadly: *Dumouriez and the Defence of England against Invasion* (1909).
Home, Robert: *A Précis of Modern Tactics* (1892).
Houssaye, Henry: *1815 Waterloo* (1900).
Huguet, general: *Britain and the War: A French Indictment* (1928).
Huntington, E.: *The Pulse of Asia* (1907).

The Influence of Firearms upon Tactics, anon. (1876).

Jaurès, Jean: *L'Armée Nouvelle* (1899).
Joffre, Joseph Jacques Césaire: *The Memoirs of Marshal Joffre* (1932).
Joffre, Joseph Jacques Césaire: *Le Préparation de la Guerre et la Conduite des Opérations* (1900).
Jomini, Antoine Henri: *Histoire Critique et Militaire des Guerres de Frédéric II* (1818).
Jomini, Antoine Henri: *Histoire Critique et Militaire des Guerres de la Révolution* (1820).
Jomini, Antoine Henri: *Précis politique et militaire des campagne de 1812 à 1814* (1886).
Jordanes: *Getica. Om goternas ursprung och bedrifter*, övers. Andreas Nordin (1997).
Journal du Siège d'Orléans, red. Paul Charpentier och Charles Cuissard (1896).
Jouguet, Pierre: *Macedonian Imperialism and the Hellenization of the East* (1928).
Journal of Hellenistic Studies (1930).
Journal of the Royal United Service Institution.
Journals and Correspondence of Sir Henry Calvert (1853).
Jullian, Camille: *Histoire de la Gaule* (1914).
Jurien de la Gravière, E.: *La Guerre de Chypre et la Bataille de Lépante* (1888).

Kane, Genera R.: *Campaigns of King William and the Duke of Marlborough* (1747).
Keegan, John: *The Face of Battle*, London (1976, 1988).

Keegan, John: ”The Inter-War Years”, i Rogin Higham (red.), *A Guide to the Sources of British Military History* (1971).
Kennedy, James Shaw: *Notes on the Battle of Waterloo* (1865).
Kesseli, Pasi: *In Pursuit of Mobility. The Birth and Development of Israeli Operational Art. From Theory to Practice*. Helsingfors (2001).
Kluck, Alexander von: *The March on Paris* (1920).
Knox, Alfred: *With the Russian Army, 1914–1917* (1921).
Knox, Thomas W.: *Decisive Battles Since Waterloo* (1889).

Lanrezac, Charles Louis Marie: *La Manœuvre de Lützen* (1904).
La Guéronnière, Alfred de: *Les Deux Abîmes* (1871).
Lavisse, Ernest: *Histoire de France* (1902).
Lawrence, T.E.: *Vishetens sju pelare*, övers. Vera och Gunnar Olinder (1963).
Lebrun, Barthélemy Louis Joseph: *Bazeilles–Sedan* (1884).
Lecestre, Léon: *Lettres Inédites de Napoleon Ier* (1897).
Lehautcourt, Pierre: *Histoire de la Guerre de 1870–1871* (1907).
Lenin, Vladimir Iljitj: *Collected Works* (1962–80).
Lewis, Michael: ”Armada Guns: A Comparative Study of English and Spanish Armaments”, i *The Mariner's Mirror* (1942–43).
Lewis, Michael: *The Navy of Britain* (1948).
Liddell Hart, B.H.: *A Greater than Napoleon, Scipio Africanus* (1927).
Livius: *Roms historia. 21:a boken. Hannibal invaderar Italien*, övers. Gerhard Bendz (1954).
Lloyd: *The History of the Late War in Germany, etc.* (1781).
Lloyd, E.M.: *A Review of the History of Infantry* (1908).
Longman, C.J.: *Archery* (1894).
Lot, Ferdinand: *L'art Militaire et les Armées au Moyen Age* (1946).
Lucretius: *Om tingens natur*, övers. Ingvar Björkeson (2002).
Ludendorff, Erich: *My War Memories* (1920).
Lyman, Theodore: *Meade's Headquarters 1863–1865* (1922).

Machiavelli, Niccoló: *Fursten* (1996).
Machray, Robert: *The Poland of Pilsudski* (1935).
Macksey, Kenneth och William Woodhouse: *The Penguin Encyclopedia of Modern Warfare, 1850 to the Present Day* (1995).
Mahaffy, J.P.: *A History of Egypt under the Ptolemaic Dynasty* (1899).
Mahan, Alfred Thayer: *The Influences of Sea Power upon the French Revolution and Empire* (1892).

Malleson, G.B.: *The Decisive Battles of India* (1883).
Malmesbury, James Harris: *Letters of the First Earl of Malmesbury* (1870).
Marmont, Auguste Frédéric Louis Viesse de: *Mémoires du Maréchal Marmont Duc de Raguse* (1865).
Marx, Karl: *Kapitalet* (1930).
Matthew Paris's English History (1854).
Maude, F.N.: *The Leipzig Campaign 1813* (1908).
Maxwell, sir Herbert: *The Life of Wellington* (1838).
Memoirs of General De Caulaincourt duke of Vicenza (1935).
Méneval, Claude François: *Mémoire pour servir à l'histoire de Napoléon Ier* (1894).
Mercer, Cavalie: *Journal of the Waterloo Campaign* (1870).
Mercier, E.: ”La Bataille de Poitiers”, i *Revue Historique* (maj 1878).
Merriman, Roger Bigelow: *The Rise of the Spanish Empire in the Old World and in the New* (1918).
Messimy, Adolphe Marie: *Mes Souvenirs* (1937).
Mijatovitj, Chedomil: *Constantine the Last Emperor of the Greeks.*
Military Operations France and Belgium, 1918, red. James E. Edmonds (1947).
Milligen, Alexander van: *Byzantine Constantinople, the Walls of the City and the Adjoining Historical Sites.*
Millner, John: *A Compendious Journal of all the Marches, Famous Battles and Sieges of the Confederate Allies in the late War* (1733).
Milman, Henry Hart: *History of Latin Christianity* (1857).
Minns, Ellis H.: *Proceedings of the British Academy* (1942).
Miot, André François: *Memoirs du comte Miot de Mélito* (1788–15).
Mische, F.O.: *Danubian Federation.*
Moltke, Helmuth von: *The Franco-German War of 1870–71* (1891).
Moltke, Helmuth von: *Military Correspondence* (1923).
Mommsen, Theodor: *The History of Rome* (1921).
Money, J.: *The History of the Campaign of 1792* (1794).
Monro, Robert: *Monro His Expedition* (1637).
Montecuccoli, R. de: *Mémoires, ou Principes de l'Art Militaire* (1712).
Montgomery, sir Archibald: *The Story of the Fourth Army* (1920).
Montholon, Charles Tristan de: *Recits de la Captivité de l'Empereur Napoléon a Sainte-Hélène* (1847).
Morison, Samuel Eliot och Henry Steele Commager: *The Growth of the American Republic* (1942).
Morley, Henry: *The Earlier Life and Chief Earlier Works of Daniel Defoe* (1887).
Morris, John: *Welsh Wars* (1901).
Motley, John Lothrop: *History of the United Netherlands* (1860).
Mumford, Lewis: *Människans villkor* (1947).

Mumford, Lewis: *Teknik och civilisation* (1984).
Müffling, Friedrich Carl Ferdinand von: *Passages from my Life* (1853).
Müller-Löbnitz, Wilhelm: *La Direction Suprème de l'Armée pendant la Bataille de la Marne* (1921).

Napoleon I: *Correspondance de Napoleon I* (1858–70).
Naval History of Great Britain, 1793–1820 (1886).
The Naval Tracts of Sir William Monson, red. M. Oppenheim (1902).
Neale, J.E.: *Queen Elizabeth* (1934).
Nervo, baron de: *Isabella the Catholic* (1897).
Newbolt, Henry: *The Year of Trafalgar* (1905).
Ney, Michel: *Documents Inédits sur la Campagne de 1815* (1840).
Nicholas, sir Nicholas Harris: *The Dispatches and Letters of Vice-Admiral Lord Viscount Nelson* (1856).
Nicholas, sir Nicholas Harris: *A History of the Royal Navy* (1857).
Nickerson, Hoffman: *The Armed Horde* (1940).
Nickerson, Hoffman: *Can We Limit War?* (1934).
Nicolai, G.F.: *The Biology of War* (1919).
Nolte, Ernst: *De fascistiska rörelserna*, Stockholm (1968).
North, John: *Gallipoli, The Fading Vision* (1936).

Official Strategical Abstract (1920).
Oman, sir Charles: *A History of the Art of War in the Middle Ages* (1924).
O'Meara, B.E.: *Napoleon in Exile* (1822).
Ordericus Vitalis: *The Ecclesiastical History of England and Normandy*, övers. Thomas Forester (1853).
Orrery, earlen av: *A Treatise of the Art of War* (1677).
Œuvres du Marquis de Chambray (1840).

Papers Relating to the Navy during the Spanish War, 1585–1587, red. Julian S. Corbett (1898).
Pardieu, major de: *A Critical Study of German Tactics* (1912).
Parker, Robert: *Memoirs of the Most Remarkable Military Transactions from the Year 1683 to 1718* (1747).
Parliamentary Debates (Hansard).
Paston Letters, red. J. Gardner (1872).
Patterson, Eric J.: *Pilsudski Marshal of Poland* (1935).

Payne-Gallwey, sir Ralph: *The Projectile-Throwing Engines of the Ancients* (1907).
Pears, Edwin: *The Destruction of the Greek Empire.*
Percin, Alexandre: *1914 Les Erreurs de Haut Commendement* (1922).
Perroy, Edouard: *The Hundred Years War* (1951).
Petre, F. Lorraine: *Napoleon's Last Campaign in Germany 1813* (1912).
Picard, Ernest: *Préceptes et Jugements de Napoléon* (1913).
Picard, Ernest: *Sedan* (1912).
Picq, Ardant du: *Études sur le Combat* (1978).
Pierrefeu, Jean de: *Plutarque a menti* (1922).
Pilsudski, Jozef: *L'Année de 1920* (1929).
Pirenne, H.: "Mahomet et Charlemagne" i *Revue belge de philologie et d'histoire* (1922).
Platon: *Staten*, övers. Claes Lindskog (2001).
Plutarchos: *Levnadsteckningar över berömda greker och romare*, övers. Carl Theander, Ivar Harrie och Hugo Bergstedt (1947).
Plutarchos: *Moralia* (1926).
Polo, Marco: *Book of Ser Marco Polo*, övers. sir Henry Yule (1903).
Polo, Marco: *Marco Polos resor* (1983).
Polybios: *Romarnas väg till världsherraväldet*, övers. Ivar A. Heikel (1943).
Ponsonby, Arthur: *Falsehood in War-Time* (1936).
Prebble, John: *Culloden. De skotska klanernas stora nederlag* (1990).
Prescott, William H.: *History of the Reign of Ferdinand and Isabella* (1851–54).
The Private Papers of Douglas Haig, 1914–1919, red. Robert Blake (1952).
Pseudo-Kallisthenes (Aisopos): *Alexandersagan.*

Quicherat, Jules: *Procès de Condamnation et de Réhabilitation de Jeanne D'Arc dite La Pucelle* (1849).

Ramsay, sir James: *Genesis of Lancaster* (1913).
Ramsay, sir James: *The Foundation of England* (1898).
Randolph, H.: *Life of Sir Robert Wilson* (1862).
Reinach, A.J.: *L'Hellénisation du Monde Antique* (1914).
Reinaud: *Invasions des Sarrazins en France* (1836).
Rekkedal, Nils Marius: *Modern krigskonst. Militärmakt under omdaning*, Stockholm (2002).
Ramsway, sir James H.: *The Foundations of England* (1898).
Richards, Frank: *Old Soldiers Never Die* (1933).
Robertson, William: *Soldiers and Statesmen 1914–1918* (1926).
Robinson, Theodore H.: *A History of Israel* (1945).

Ropes, John Codman: *The Campaign of Waterloo* (1910).
Round, J.H.: *Feudal England* (1895).
Roy, Jules: *Turenne sa Vie et les Institutions Militaires de son Temps* (1884).
Russell, J.C.: *British Medieval Population* (1948).

Saint-Cyr, Laurent Gouvion de: *Mémoires pour Servir à l'Historie Militaire sous le Directoire, le Consulat et l'Empire* (1831).
Saint Hilaire, Rosseeuw: *Histoire d'Espagne* (1844).
Saint Paul, Horace: *A Journal of the First Two Campaigns of the Seven Years' War* (1914).
Saint-Simon, Claude Henri de: *Œuvres de Saint-Simon* (1865–78).
Samuelsson, Lennart: *Koloss på larvfötter* (1999).
Sarazin, Charles: *Récits sur la Dernière Guerre Franco-allemande* (1887).
Schlumberger, Gustave: *Le Siège, la Prise et le Sac de Constantinople par les Turcs en 1453* (1922).
Scullard, H.H.: *Roman Politics 200–150 B.C.* (1951).
Seton-Watson, R.W.: *Masaryk in England* (1943).
Shakespeare, William: *Henrik IV* (1950).
Shotwell, J.T.: *War as an Instrument of National Policy* (1929).
Siborne, William: *History of the War in France and Belgium in 1815* (1844).
Siborne, William: *Waterloo Letters* (1891).
Sikorski, L.: *La Campagne Polono-Russe de 1920* (1929).
The Slavonic Chronicler.
Snorre Sturluson: *Nordiska kungasagor*, övers. Karl G. Johansson (1993).
The Soldier in Battle, or Life in the Ranks of the Army of the Potomac (1896).
Sorel, Albert: *L'Europe et la Revolution Française* (1885–1904).
Sozomen: *Ecclesiastical History*, övers. E. Walford (1885).
Spatz, Wilhelm: *Die Schlacht von Hastings* (1896).
Spears, E.L.: *Liaison, 1914* (1932).
Spengler, Oswald: *Västerlandets undergång* (1997).
Squires, James Duane: *British Propaganda at Home and in the United States from 1914 until 1917* (1935).
The St. Helena Journal of General Baron Gourgaud, red. Norman Edwards (1932).
State Papers, Relating to the Defeat of the Spanish Armada, red. John Knox Laughton (1894).
Steinberg, Jonathan: *Yesterday's Deterrent* (1965).
Stenton, F.M.: *Anglo-Saxon England* (1947).
Stenton, F.M.: *William the Conqueror and the Rule of the Normans* (1908).
Sternhell, Zeev: "Fascist Ideology", i Walter Laqueur (red.), *Fascism. A Reader's Guide. Analyses, Interpretations and Biography* (1988).

Stoffel, Eugène George Henri: *Military Reports* (1872).
Stray Military Papers (1897).
Stubbs: *Constitutional History of England* (1887).
Suetonius: *Kejsarbiografier*, övers. Ingemar Lagerström (2001).
Swinton, E.D.: *Eyewitness* (1932).
Sybel, Heinrich von: *History of the French Revolution* (1867).

Tacitus: *Annaler*, övers. Bertil Cavallin (1966–68).
Tacitus: *Germania*, övers. Alf Önnerfors (1960).
Tamperley, Harold: *The Foreign Policy of Canning, 1822–1827* (1925).
Tappen, general: *Jusqu'à la Marne en 1914* (1920).
Tarle, Eugene: *Napoleon* (1936).
Tarn, W.W.: *Alexander the Great* (1948).
Tarn, W.W.: *Alexander the Great and the Unity of Mankind* (1933).
Taylor, A.J.P.: *English History 1914–1945* (1973).
Taylor, Frank: *The Wars of Marlborough, 1702–1709* (1921).
Terraine, John: *The Western Front* (1964).
Theophanes: *Chronographia* (1883–85).
Thierry, Amédée: *Histoire d'Attila* (1856).
Thompson, E.A.: *A History of Attila and the Huns* (1948).
Thukydides: *Kriget mellan Sparta och Athen* (1978).
The Times, "Special Correspondent" (1 januari 1863).
Tomkinson, W.: *The Diary of a Cavalry Officer in the Peninsular and Waterloo Campaigns* (1895).
Tout, T.F.: *The Empire and the Papacy* (1932).
Trevelyan, George Macaulay: *England under Queen Anne, Blenheim* (1930).
Trevelyan, George Macaulay: *George the Third and Charles Fox* (1912).
Trochu, Louis Jules: *Une Page d'Histoire Contemporaine devant l'Assemblée National* (1871).
Trotskij, Lev: *History of the Russian Revolution* (1932–35).
Trythall, Anthony John: *"Boney Fuller". The Intellectual General 1878–1966* (1977).
Trythall, Anthony John: "Fuller, J.F.C. (1878–1966)", i Franklin D. Margiotta (red.), *Brassey's Encyclopedia of Military History and Biography* (1994).
Tyng, Sewell: *The Campaign of the Marne, 1914* (1935).

Wace, Robert: *Le roman de Rou et des ducs de Normandie* (1827).
Waddington, Richard: *La Guerre de Sept Ans* (1899).
Walbank, F.W.: *Philip V of Macedon* (1940).

Walsh, William Thomas: *Isabella of Spain* (1931).
Warry, John: *Alexander 334–323 BC*, London (1991).
Vasiliev, A.A.: *History of the Byzantine Empire*.
Vasiliev, A.A.: *History of the Roman Empire*.
Watson, William: *Life in the Confederate Army*.
Veale, F.J.P.: *Frederick the Great* (1935).
Weekly Tank Notes (10 aug.–2 nov. 1918).
Wedgewood, C.V.: *Thirty Years' War* (1938).
Weiss, John: *Den fascistiska traditionen. Högerextremism i det moderna Europa* (1972).
Wellington, Arthur Wellesley: *Supplementary Despatches and Memoranda of Field Marshal Arthur Duke of Wellington* (1863).
Wemyss, lady Wester: *The Life and Letters of Lord Wester Wemyss* (1935).
Verdy de Vernois, J. von: *With the Royal Headquarters in 1870–71* (1897).
Wheeler, H.F.B. och A.M. Broadley: *Napoleon and the Invasion of England* (1908).
Viereck, George Sylvester: *Spreading Germs of Hate* (1931).
Vignaud, Henry: *A Critical Study of the Various Dates Assigned to the Birth of Christopher Columbus* (1903).
Vignaud, Henry: *Études Critiques sur la Vie de Colomb* (1905).
Vignaud, Henry: *Histoire Critique de la Grande Enterprise de Christophe Colomb* (1911).
Wilcken, Ulrich: *Alexander the Great* (1932).
William of Malmesbury: *William of Malmesbury's Chronicle of the Kings of England* (1904).
Villon, François: *The Poems of Master François Villon* (1892).
Wimpffen, Emmanuel Félix de: *Sedan* (1871).
Wise, George: *Campaigns and Battles of the Army of Northern Virginia* (1916).
Vlasto, E.A.: *1453 Les Derniers Jours de Constantinople* (1883).
Voight, G.: *Enea Silvio Piccolomini* (1862).
Voltaire, François Marie Arouet de: *Ode sur la Guerre par Monsieur Voltaire* (1760).
Voltaire, François Marie Arouet de: *Voltaire's Correspondence* (1953–65).
Wright, F.A.: *Alexander the Great* (1934).
Wrottesley, George: *Collection for a History of Staffordshire* (1897).

Xenofon: *Hellenica* (1846).
Xenofon: *Cyropaedia* (1943–47).

Yorck von Wartenburg, Ludwig: *Napoleon as a General* (1902).
Young, Norwood: *The Growth of Napoleon* (1910).

Åselius, Gunnar: ”Varför en bok om svenska slag?”, i Lars Ericson, Martin Hårdstedt, Per Iko, Ingvar Sjöblom och Gunnar Åselius, *Svenska slagfält* (2003).

Register till del I–IV

A

B

C

D

G

H

I

K

M

O

Q

R

S

T

U

V, W